이화여자대학교 이화어린이연구원 총서 2

## 함께 만들어가는 놀이터

# 놀이를 통한 학습

| 이화여자대학교 이화어린이연구원 편 |

도서출판 파란마음

# 머리말

어느 기관에나 누구도 소유하지 않고, 생활주제에 맞는 장식을 하는 것 외에는 큰 신경도 쓰지 않고, 오가는 길에 스치듯 지나가는 공간이 있습니다. 대표적인 공간이 복도이지요. 복도는 일반적으로 만남과 통합의 장소라기보다 학급과 학급을 나누는 분리와 헤어짐의 장소입니다.

이화어린이연구원은 복도를 놀이터로 어린이에게 되돌려줌으로써 함께 소유하고, 머물고, 놀이하면서 학습이 이루어지고, 만 1~5세 어린이가 교류하는 장소로 만들어왔습니다. 본 서는 겉에서 보면 어떻게 잊혀진 공간을 놀이터로 바꾸었는가에 관한 내용을 담고 있는 책입니다. 그러나 책 속에 녹아있는 중요한 내용은 교사가 어떻게 영유아의 발현적 흥미를 포착하여 놀이로 발전하도록 돕고, 놀이하는 과정에서 학습이 일어나도록 섬세하고 의도적으로 지원하고, 그 결과를 다른 연령과 나눠서 학습공동체를 만들어 왔는가입니다.

영유아의 발달을 이해하는 것, 흥미를 기반으로 교육하는 것, 관찰을 통해 평가하고 다음 단계의 지원 방향을 설정하는 것 등은 유아교육에서 매우 중요시되는 개념이지만 그것을 실천하는 것은 쉽지 않습니다. 이 책에는 유아교육에서의 핵심적인 교수학습방법이 어떻게 실제에서 구현되는지가 상세히 묘사되어 있습니다. 영유아가 원하는 것이나 할 수 있는 것이 무엇인지 고려하지 않고 교사가 미리 가르칠 것을 정해서 준비한 것을 실행하는 것에 회의를 느끼고 있는 교사나 예비교사에게 많은 도움이 되길 바랍니다.

책에 담겨있는 배움의 과정에서 즐겁고 행복하게 지내며 성장한 이화어린이연구원의 어린이와 지원해 주신 부모님께 감사 드립니다. 또한 공유 공간을 함께 만들어온 전 · 현직 교사 강민정 · 강수지 · 권혜진 · 김교령 · 김래희 · 김민재 · 문슬기 · 소은경 · 황나현 선생님께도 감사 드립니다.

이화어린이연구원을 대표하여
원장 김희진

# 차례

## | 공간의 특성을 반영하여 계획한 놀이터 |

## | 우연한 활동으로부터 생성된 놀이터 |

## 별동굴 153



## 굴링굴링 볼링장 167

## 유아교육기관에서의 공유 공간

*공유 공간*은 문자 그대로 '두 사람 이상이 공동으로 소유하는 공간'입니다. 유아교육기관에서의 공유 공간이란 '두 학급 이상이 공동으로 소유하는 공간'으로 해석할 수 있으며, 현관, 복도, 계단, 램프(경사로), 엘리베이터 등이 해당됩니다. 혼자 소유하는 공간만 중요한 것이 아니라 함께 소유하는 공간도 같은 가치를 가집니다.

그러나 현재 유아교육기관에서의 공유 공간은

### 아무도 소유하지 않은 공간입니다.

'우리 반', '우리가 쓰는 놀잇감', '우리 반이 쓰는 화장실', '어린이용 개인장'은 우리 것 또는 내 것이기 때문에 사용하는 사람이 주인 의식과 책임 의식을 가집니다. 교사는 '우리 반'의 환경을 구성하고, 교재교구를 배치하고, 어린이와 어떻게 지낼지 생각합니다. 어린이도 '내 장'에 내 물건을 넣고 정리합니다. 공유 공간은 '우리의 것'이란 의미를 가졌음에도 불구하고, 책임을 맡은 교사가 공유 공간을 보기 좋게 꾸미기는 하지만 구성원 모두가 진심으로 '공동 소유'하지는 않습니다.

### 머무르기보다는 빨리 지나치는 공간입니다.

현관은 학급으로 들어가기 위해, 복도는 개인 장에 물건을 넣거나 이동하기 위해, 계단이나 램프는 다른 곳으로 가기 위해 지나치는 공간입니다. 공유 공간은 주인공도 조연도 아닌 엑스트라로 여겨집니다. 구성원이 공유 공간에 관심을 보이지 않는 것이 당연한 것처럼 받아들여집니다.

### 보관할 공간이 없을 때 물건을 쌓아 놓는 공간입니다.

가구, 교재교구, 서류가 보관되어야 할 공간이 부족할 때 복도나 계단에 보관하기도 합니다. 장이 설치되어 있으면 그나마 다행이지만 그것도 없을 때는 쌓아놓기도 합니다. 물건이 쌓인 공간은 어둡고 답답하고 차가운 느낌을 생성해내는 창고일 뿐입니다.

### 장식하는 공간입니다.

현관이나 복도를 보기 좋게 꾸밉니다. 주로 생활주제, 계절, 그 시기의 행사에 적절한 무엇인가를 붙이거나 유아의 작품을 활용해서 장식을 합니다. 물론 교육적 의도가 반영되어 있지만 주 목적은 '장식'으로 보입니다.

## 이화어린이연구원의 공유 공간

밖이 보이기도 하고 보이지 않기도 하는 공간

*이화어린이연구원*의 공유 공간은 매우 '특징적'입니다. 왜냐하면 넓기도 하고 좁기도 하며, 길기도 하고 짧기도 하며, 환하기도 하고 어둡기도 하며, 직선이기도 하고 곡선이기도 하며, 밖이 보이기도 하고 보이지 않기도 하기 때문입니다. 지하부터 지상 5층, 총 6층으로 되어 있고, 외부가 보이는 마감재로 되어 있으며, 엘리베이터와 계단 이외에 넓은 램프가 있기 때문에 나타나는 특징입니다.

환하기도 하고 어둡기도 한 공간

직선이기도 하고
곡선이기도 한 공간

넓기도 하고 좁기도 한 공간

*이화어린이연구원*은 이런 특징을 활용하여 공유 공간을 진정한 의미의 '두 학급 이상이 공동으로 소유하는 공간'으로 만들고 있습니다.

현재 이화어린이연구원의 공유 공간은

### 함께 소유하는 공간입니다.

어린이들은 계단, 복도, 램프를 '우리'의 것이라고 생각합니다. 심지어 "우리 '우리 램프길'에 가서 놀자."라고 말하기도 합니다. 자신의 학급이 있는 층의 복도, 계단, 램프로만 가거나 사용하는 것이 아니라 연구원 전체의 복도, 계단, 램프를 사용합니다. 어린이들은 교사와 의논하여 어떤 복도, 계단 또는 램프를 어떻게 사용할지 결정하고 활용하는 과정에서 그 공간을 소유하게 됩니다.

### 빨리 지나치기보다는 머무는 공간입니다.

특정 목적지로 가기 위한 통로가 아니라 놀이하고, 학습하고, 만나고, 소통하는 공간으로 인식하고 사용하기 때문에 공유 공간에 머무를 수밖에 없습니다. 어린이들은 연령에 따라 혼자, 어린이끼리 또는 교사와 함께 공유 공간에 있는 모든 것을 즐깁니다.

### 학습이 일어나는 공간입니다.

공유 공간은 어린이의 학습이 일어날 가능성으로 가득한 공간입니다. 창으로 보이는 실외 모습, 계단이나 램프의 경사에서 올려 보거나 내려 보는 조망, 다양한 연령의 학급에서 이루어진 활동을 보여주는 전시물, 다양한 종류의 식물, 어린이나 전문작가의 예술 작품 등 공유 공간에 있는 모든 것은 학습의 좋은 원재료가 됩니다.

### 놀이가 이루어지는 공간입니다.

공유 공간은 신나는 놀이터입니다. 공유 공간 그 자체도 신나는 공간이지만 각 반에서 시작한 활동을 함께 놀이할 수 있는 놀이터로 바꾼 공간이기 때문입니다. 연령이 어린 학급에서 우연히 시작한 활동에 형님반의 아이디어를 더해 놀이터로 만들기도 하고, 형님들이 계획하여 연구원 전체의 어린이를 위한 놀이터를 만들기도 하고, 교사가 교육적 의도를 가지고 놀이터를 만들기도 합니다. 실외나 옥상의 놀이터에서 경험했던 전형적인 종합 놀이기구, 자전거, 그네, 모래놀이 시설이 아닌 모두가 기여해서 만들어진 우리만의 창조적인 놀이터에서 놀이하는 기분! 정말 신나고 색다르지 않을까요?

### 만 1세 영아부터 만 5세 유아까지 모든 구성원이 만나고 교류하는 공간입니다.

공유 공간을 통해 이동하고, 학습하고, 놀이하면서 모든 연령의 영유아가 빈번히 만납니다. 이동하기 위해 지나가다 만날 때도 낯선 행인이 스쳐 지나가듯 가는 것이 아니라 멈춰 서서 인사하거나 동생반이 지나갈 때까지 기다리며 손 흔들어 줍니다. 이동하는 중의 만남에도 교류가 이루어지는데, 함께 학습하고 놀이하는 공간에서 이루어지는 만남과 교류는 질적인 깊이가 다를 수밖에 없습니다. 그 놀이 공간을 만든 동생이나 형님이 없더라도 그들의 마음을 느낄 수 있고, 친구들과 함께 놀이하면서 좋은 생각, 긍정적인 기분, 기운을 북돋아 주는 말을 나눌 수 있습니다.

### 다른 연령의 어린이, 부모나 외부 방문객과 의사소통하는 공간입니다.

공유 공간에는 어린이가 학습하는 과정이 기록된 게시물이 있습니다. 어린이의 미술활동을 작품으로 전시한 것, 어린이가 공유 공간에서 놀이터를 만드는 과정이나 놀이터에서 재미있게 놀기 위해 알아야 할 것, 특정 학급에서 어린이가 활동을 한 과정을 기록하여 사진이나 결과물과 함께 게시합니다. 부모나 외부 방문객이 학습 과정을 이해할 수 있도록 준비하기도 하지만, 다른 연령의 어린이가 이해할 수 있도록 설명하기도 합니다. 이런 게시물을 통해 어린이는 자신들의 학습 과정을 스스로 돌아볼 수 있을 뿐만 아니라 다른 어린이, 가족, 외부 손님과도 자신의 경험에 대해 소통할 수 있습니다.

## 놀이터로서의 공유 공간

*이 책은* 놀이터로서의 공유 공간에 대한 것입니다. 이화어린이연구원은 두 가지 방식으로 공유 공간이 놀이터로서의 기능을 하도록 합니다.

*하나*는 공간의 특성을 반영하여 계획한 놀이터입니다. 공간의 특성은 그 자체만으로 그 공간에서 할 수 있거나 없는 활동을 암시합니다. 어두운 공간에서 불을 켜 놓고 환한 공간에서만 할 수 있는 놀이를 굳이 할 필요가 없고, 경사가 있는 공간에서는 경사를 활용한 놀이가 더욱 진가를 발휘합니다. 연구원에서 활용할 수 있는 공간의 특성은 경사, 어두움, 폐쇄, 외부가 보임, 구부러짐 등이 있습니다. 이런 특성을 활용한 놀이터는 과연 어떤 놀이터일까요? 공간의 특성이 반영된 놀이터를 만드는 과정에서 유아는 무엇을 배우게 될까요?

*다른 하나*는 우연히 시작한 활동을 놀이로 전환시켜 적절한 공간에 설치한 놀이터입니다. 각 학급에서 하는 활동 중 어떤 것은 공유 공간에 설치할 수 있는 놀이터로 확장되기도 합니다. 우리 학급의 맥락이나 연령의 어린이에게 적절한 놀이를 모든 연령의 어린이가 즐길 수 있는 놀이로 발전시키려면 유아는 무엇을 고려해야 해야 하고 그 과정에서 무엇을 배우게 될까요?

## 공간의 특성을 반영하여 계획한 놀이터

경사, 어두움, 폐쇄와 같은 공간의 구조적 특성이나 현관, 복도 등의 기능적 특성을 활용할 수 있는 놀이터

| | |
|---|---|
| 무지개빛 예쁜 바다 | 어린이 은솔극장 |
| 우리들 상상으로 만든 거미줄 놀이터 | 무지개 놀이터 |
| 하늘 반짝 캠핑장 | 데굴데굴 놀이터 |
| 볼링 놀이터 | 다양한 방법으로 걸을 수 있는 램프길 |

## 우연한 활동으로부터 생성된 놀이터

학급 맥락에서 시작된 놀이에서 전체 유아가 함께 놀 수 있는 놀이로 발전한 놀이터

| | |
|---|---|
| 우리가 설계하고 설치하는 테라스 물놀이대! | 형님들이 만들고 동생들이 놀이하는 미로 |
| 별동굴 | 굴링굴링 볼링장 |
| 숨기고 찾는 보물찾기 놀이터 | 반짝이 불빛 놀이터 |
| 공이 지나는 길 |  누구나 숨을 수 있고 언제나 만들 수 있는 숨바꼭질 놀이터 |

## 공유 공간을 놀이터로 만들어가는 학습의 과정

### 1. 목적

놀이터로서의 공유 공간을 만들어 가는 일의 목적은 다양한 연령이 함께 놀 수 있는 놀이터를 만드는 것에만 있지 않습니다. 더 큰 우리의 목적은 영유아가 이 과정을 통해 배우고 성장하도록 하는 것입니다. 공간의 특성을 파악하는 것, 다른 연령의 관점에서 생각하는 것, 놀이터가 완성될 때까지 협력하는 것, 자신이 맡은 책임을 다하는 것, 진행 과정에서 직면하는 다양한 문제를 해결하는 것, 그리고 필요한 정보를 모으는 것을 통해 영유아는 신체, 사회, 정서, 인지, 언어적으로 성장하게 됩니다.

### 2. 교사와 유아의 공동 기여

교사와 유아는 공유 공간을 놀이의 장으로 만들어가는 학습의 과정을 공동으로 주도합니다. 흔히 알고 있는 것처럼 교사가 주도할 때 유아가 수동적이 되고, 유아가 주도할 때 교사가 수동적이 될 수밖에 없다는 이분법적 사고는 적절하지 않습니다. 교사와 유아의 역할을 그네나 시소를 함께 타는 것에 비유할 수 있습니다. 한 사람이 힘을 주면 다른 사람이 힘을 빼야 할 때도 있고, 함께 힘을 주거나 빼야 할 때도 있습니다. 교사와 유아가 학습 과정의 매 순간에 힘을 주거나 빼는 것이 적재적소에서 이루어진다면 공동으로 주도권을 갖게 됩니다.

#### 영유아의 관심이 무엇인지를 잘 관찰하는 것

영유아의 관심과 흥미를 교육에 반영하는 것이 매우 중요함은 누구나 알고 있습니다. 이 순간에는 누가 주도를 하는 것일까요? 영유아의 흥미를 중시한다는 것은 유아 주도처럼 보입니다. 그러나 영유아의 '진짜' 흥미가 무엇인지를 잘 관찰하는 것은 교사의 몫입니다. 흔히 볼 수 있는 예로 그림자를 들 수 있습니다. 많은 교재에서 실외놀이나 산책 중 영유아가 그림자에 관심을 보였기 때문에 '그림자 프로젝트'에 속하는 일련의 활동을 실행하는 예가 제시되어 있습니다. 혹시 지나가는 말로 한 것을 관심으로 과대해석하지는 않았을까요? 혹시 한두 명의 어린이만 관심 있는 것을 전체 학급의 어린이가 관심 있는 것으로 과대해석하지는 않았을까요? 혹시 단 하루의 관심인데, 수일 또는 수주의 프로젝트거리로 과대해석하지는 않았을까요? 이 경우라면 잘못된 의미의 교사 주도가 맞습니다. 진정한 의미의 유아와 교사의 공동 주도는 어린이의 '진짜' 관심이나 흥미를 교사가 이해하고 그것으로부터 시작하는 것입니다.

### 영유아의 현재 상태를 이해하는 것

영유아의 발달 정도 또는 개념을 이해하는 정도, 또는 영유아가 공유 공간에서 함께 놀 놀이터를 만드는 데 필요한 정보가 무엇인가를 파악하는 것은 교사의 역할입니다. 교사가 영유아의 발달 수준을 이해하지 못하거나, 영유아가 알거나 모르는 개념이 무엇인지 이해하지 못하거나, 영유아가 알아야 하는 정보나 재료를 제공하지 못하거나, 기술을 익히도록 하지 못하면 영유아는 너무 쉬워서 성취감을 느끼지 못하거나 너무 어려워 좌절감을 느끼거나 흥미를 잃기 때문에 무의미한 활동이 됩니다. 예를 들면, [우리들 상상으로 만든 거미줄 놀이터(p. 59-68)]를 만드는 과정에서 만 4세 유아가 거미줄의 구조(방사형 골격과 이를 가로지르는 원형의 나선실)를 이해하지도 못하며, 그대로 재현할 수도 없는 개념적 이해 수준 또는 발달 수준을 보일 때 교사가 어떤 수준에서 진행할지를 결정하는 순간은 교사 주도의 순간임에 틀림없습니다.

### 영유아가 필요한 정보, 재료, 기술을 갖도록 하는 것

영유아의 '진짜' 관심과 '현재' 상태를 이해한 후에는 '진짜' 관심을 적절한 수준에서 심화하고 확장할 수 있는 기회를 가져야 합니다. 어린이들이 그림자, 심해, 거미줄 또는 그 무엇에 관심이 있다면 어떤 환경 즉, 어떤 정보, 재료, 기술을 제공해야 할지 결정하는 것도 교사의 역할입니다. 책을 보여줄까요? 그림

어떤 종류의, 어떤 수준의 책이 적당할까요? 현장학습을 간다면 가서 무엇을 보고 와야 할까요? 이 과정에서 유아는 언어로, 그림으로, 행동으로, 표정으로 자신에게 필요한 것이 무엇인지 알려줍니다. 유아가 적극적으로 무엇이 필요한지 알린다는 측면에서 유아 주도이기도 하지만 그것을 이해하고 가장 적절한 것을 제공한다는 측면에서 교사 주도이기도 합니다.

### 이 순간에 학습할 가치가 있는 것이 무엇인지 결정하는 것

영유아의 '진짜' 관심과 '현재' 상태를 이해한 후에 필요한 정보, 자료, 기술을 갖도록 지원할 때는 영유아가 학습할 가치가 있는 것이 무엇인지를 교사가 결정한다는 것을 의미합니다. 무엇을 알게 하기 위해 특정 정보를 제공하는 것일까요? 또는 어떤 개념을 이해하게 하기 위해 특정 자료를 제공하는 것일까요? 어떤 기술(예 철사를 원하는 대로 구부리는 방법을 알려주는 것)을 갖도록 해야 영유아가 가진 관심을 지속적으로 확장/ 발전시킬 수 있을까요? 예를 들면, [우리가 설계하고 설치하는 테라스 물놀이대!]의 탐구의 확장-물놀이 놀잇감 설계하기(p. 134)를 살펴봅시다. 교사는 유아가 '창의적'인 물놀이 놀잇감을 설계하는 것, '기능하는' 물놀이 놀잇감을 설계하도록 하는 것, 또는 '창의적이면서 기능하는' 물놀이 놀잇감을 설계하는 것 중 하나를 목표로 할 수 있습니다. 어떤 목표를 가졌는가에 따라 교사가 유아에게 지원하는 방향과 방법이 달라지고, 그 결과로 유아가 '창의적 태도', '물의 특성에 대한 개념적 이해' 또는 두 측면 모두에서 진보를 이룰 수 있습니다. 중요한 것은 영유아의 발달적, 경험적, 개인적, 또는 집단적 특성을 고려하여 그 순간에 학습할 가치가 있는 것을 결정하는 것입니다. 영유아의 발달, 학습, 개인적 특성, 집단으로 함께 공유해 온 경험의 역사를 존중 받고, 그 순간에 학습할 수 있는 것을 즐겁게 성취할 수 있다는 측면에서 유아 주도이며, 가장 가치 있는 것이 무엇인지 전문가적인 결정을 한다는 측면에서 교사 주도입니다.

## 놀이터로 활용되는 공유 공간을 만들어가는 과정

*공유 공간*을 놀이터로 만들어가는 과정은 영유아와 교사의 공동 노력이 반영된 과정입니다. 공간의 특성을 반영하여 계획한 놀이터이건 우연히 시작한 활동을 놀이로 전환시켜 적절한 공간에 설치한 놀이터이건 영유아의 관심과 흥미가 첫 단추가 되어야 한다는 것은 필수적입니다. 영유아의 관심으로 시작된 여정은 모두를 위한 놀이터로 활용되는 것에서 끝나게 됩니다.

### 관심의 시작

어떤 계기로 모두를 위한 놀이터를 만드는 과정이 시작되었는지에 대해 서술하였습니다. 영유아의 관심에서 시작되었다면 어떤 계기로 관심을 갖게 되었는지, 교사의 의도적인 계획으로 시작되었다면 영유아의 관심을 어떻게 불러일으켰는지를 설명합니다.

### 탐구

영유아가 가진 흥미와 관심의 대상에 대해 더 자세히 또는 깊이 알 수 있도록 지원하는 과정에 대해 서술하였습니다. 영유아가 탐구하는 방법에는 책 읽기, 인터넷 찾아보기, 관련자에게 질문하기, 직접 가서 보고 알아보기 등이 있습니다.

### 탐구의 확장

영유아가 탐구 과정에서 알아낸 여러 가지 사실, 습득한 다양한 개념 또는 기술 중 한 분야에 초점을 두고 더욱 심도 있게 탐구하는 과정에 대해 서술하였습니다.

## 탐구의 적용

탐구와 탐구의 확장 과정에 주도적이고 협력적으로 참여하여 알아내거나 결정한 것을 활용하여 공유 공간에 놀이터를 만들고 설치하고 다른 연령의 영유아가 잘 사용할 수 있도록 포스터, 안내판 또는 규칙을 만들어가는 과정에 대해 서술하였습니다.

## 탐구 결과의 활용

공유 공간에 놀이터를 완성한 후 모든 연령의 영유아가 놀이하는 양상에 대해 서술하였습니다.

*공유 공간*을 놀이터로 만들어가는 과정을 주도한 영유아의 연령을 아래와 같이 색깔로 표시하였고, 교사가 만든 공간은 주황색으로 표시하였습니다.

만 5세 만 4세 만 3세 만 2세 교사

제목: 각 학급의 영유아와 교사의 개성 그리고 공유 공간을
놀이터로 만들어가는 과정의 특성 반영

# 무지개빛 예쁜 바다

만 4세



목차: 전체적인 진행 과정을 파악할 수 있도록 구성

**상황:** 그 활동이 진행된 시점의 맥락을 전체적으로 이해할 수 있게 도와주는 내용으로 구성

관심의 시작

## 01 '별동굴'을 새로운 놀이 공간으로: 기존의 '별동굴' 관찰

△ 지하 1층 계단 밑에 설치되어 있던 별동굴

이화어린이연구원은 전체 환경을 교육의 공간으로 인식하고 복도, 계단 아래, 램프길 등을 모든 연령의 영유아가 함께 놀이할 수 있는 공간으로 조성하고 있다. 연령 또는 학급 별로 공유 공간을 맡아 놀이할 수 있는 공간으로 만들어 왔다. 이런 공유 공간 중의 하나가 계단 아래 있는 빈 공간인데 전년도에 이 공간을 책임졌던 만 4세 학급은 동굴로 꾸미고 '별동굴'이라고 명명했었다. 올해 이 공간을 책임진 만 4세 학급의 유아들이 어떤 공간으로 꾸밀 수 있는지에 대한 아이디어를 갖기 위해 별동굴을 자세히 관찰하였다.

**교사:** 영유아의 발달 및 학습 수준, 상황에 대한 교사의 해석, 교사로서 의도적 교수를 하는 과정에서 의사 결정을 하는 근거에 대한 내용으로 구성

공간의 특성에 맞는 놀이 공간을 꾸미는 것이 중요했기 때문에 교사는 계단 아래 공간의 특성을 유아가 파악할 수 있도록 지원하였다.

◁ 별동굴을 새로운 놀이 공간으로 꾸미기 위해 자세히 관찰하기

- 인지〉학습성향〉주의집중: 필요한 정보(즉, 공간의 특성)를 파악하기 위해 주의를 기울인다.
- 인지〉학습성향〉주도성: 주도성을 가지고 해결해야 하는 과제(즉, 공간의 특성을 반영한 공유 공간 꾸미기)를 해결하기 위해 참여한다.
- 언어〉듣기 · 말하기〉사회적 의사소통: 공간의 특성에 대한 서로의 생각을 나눈다.

**목표:** 교사가 의도적으로 교수를 한 결과로 나타날 수 있는 영유아의 발달 또는 학습에 대한 내용으로 구성

## 공간의 특성을 반영하여 계획한 놀이터

경사, 어두움, 폐쇄와 같은 공간의 구조적 특성이나 현관, 복도 등의 기능적 특성을 활용할 수 있는 놀이터

- 만 4세
  - 무지개빛 예쁜 바다
  - 어린이 은솔극장
  - 우리들 상상으로 만든 거미줄 놀이터
  - 무지개 놀이터
- 만 3세
  - 하늘 반짝 캠핑장
- 만 2세
  - 데굴데굴 놀이터
  - 볼링 놀이터
- 교사
  - 다양한 방법으로 걸을 수 있는 램프길

# 무지개빛 예쁜 바다

만 4세

| | | |
|---|---|---|
| **관심의 시작** | '별동굴'을 새로운 놀이 공간으로 | |
| **탐구** | 만들고 싶은 공간 | 심해 환경에 대해 알아보기 |
| **탐구의 확장** | 그림으로 표현한 심해 환경 | |
| **탐구의 적용** | 공유 공간에서 할 수 있는 놀이 생각해보기<br>공유 공간 사용법 알려주기 | 공유 공간 이름 짓기 |
| **탐구 결과의 활용** | 다양한 연령의 놀이 | |

관심의 시작

# 01 '별동굴'을 새로운 놀이 공간으로: 기존의 '별동굴' 관찰

△ 지하 1층 계단 밑에 설치되어 있던 별동굴

이화어린이연구원은 전체 환경을 교육의 공간으로 인식하고 복도, 계단 아래, 램프길 등을 모든 연령의 영유아가 함께 놀이할 수 있는 공간으로 조성하고 있다. 연령 또는 학급 별로 공유 공간을 맡아 놀이할 수 있는 공간으로 만들어 왔다. 이런 공유 공간 중의 하나가 계단 아래 있는 빈 공간인데 전년도에 이 공간을 책임졌던 만 4세 학급은 동굴로 꾸미고 '별동굴'이라고 명명했었다. 올해 이 공간을 책임진 만 4세 학급의 유아들이 어떤 공간으로 꾸밀 수 있는지에 대한 아이디어를 갖기 위해 별동굴을 자세히 관찰하였다.

공간의 특성에 맞는 놀이 공간을 꾸미는 것이 중요했기 때문에 교사는 계단 아래 공간의 특성을 유아가 파악할 수 있도록 지원하였다.

◁ 별동굴을 새로운 놀이 공간으로 꾸미기 위해 자세히 관찰하기

- 인지>학습성향>주의집중: 필요한 정보(즉, 공간의 특성)를 파악하기 위해 주의를 기울인다.
- 인지>학습성향>주도성: 주도성을 가지고 해결해야 하는 과제(즉, 공간의 특성을 반영한 공유 공간 꾸미기)를 해결하기 위해 참여한다.
- 언어>듣기·말하기>사회적 의사소통: 공간의 특성에 대한 서로의 생각을 나눈다.

탐구

# 02 만들고 싶은 공간: '별동굴' 관찰 후 토의

"천장이 낮고 진짜 어두워요."
"천장이 낮아서 일어설 수가 없어요."
"아무것도 안 보여요."
"갇힌 것 같은 느낌이 들어요."
"깊은 바다에 들어와 있는 것 같아요."
"별동굴을 깊은 바다(심해)로 만들어요!"

공간의 특성을 관찰한 후 교사와 함께 자신이 파악한 특성에 대해 이야기를 나누었다.

관찰에 참여한 유아와 함께 이야기를 나누는 과정에서

1) 공간의 특성을 이야기하고, 2) 그런 특성이 반영된 공간으로 어떤 것이 있을지 이야기 나누는 것에 초점을 두었다. 유아는 공간의 특성을 낮음, 어두움, 갇힘으로 표현했고, 그런 특성이 집약된 공간으로 깊은 바다를 떠올렸다.

- 언어〉듣기 · 말하기〉수용적 언어 이해: 또래의 의견을 주의 깊게 듣는다.
- 언어〉듣기 · 말하기〉표현적 언어: 이야기 나누기의 주제(즉, 공간의 특성과 그것에 적합한 놀이 공간)에 적합한 의견을 말한다.
- 사회〉사회적 관계: 또래, 교사와의 협력을 통해 의견을 모은다.
- 인지〉학습성향〉관찰력: 관찰을 통해 느낀 공간의 특성을 언어적으로 표상한다.

탐구

# 02 심해 환경에 대해 알아보기: 자연사박물관 견학

"고래가 죽으면 아주 깊은 바다로 가라앉는대요. 그때 다양한 바다 생물들이 고래의 몸을 뜯어 먹으며 커다란 고래를 먹이로 삼는대요."

"통나무가 깊은 바다에 떨어지면 그냥 썩는 게 아니라 심해 생물들이 통나무 껍질과 그 안에 들어있는 벌레들을 먹기도 하고, 통나무 안에 들어가 살기도 한대요."

"깊은 바다에 들어가는 잠수함은 유리로 만드는 줄 알았는데 그게 아니었어요. '캔'이랑 '알루미늄'이라는 걸로 잠수함을 만든대요."

"심해 생물은 거의 다 어두워요, 색깔이. 그리고 눈이랑 입이 크고 바다 깊은 곳은 어두우니까 몸에서 빛이 나기도 한대요."

계단 아래 공유 공간을 깊은 바다(심해)로 꾸미기로 결정한 후 심해의 특성에 대해 탐구하였다.

'깊은 바다'라는 어휘는 사용했지만 깊은 바다의 특성에 대한 개념과 지식이 없었기 때문에 다양한 방법으로 유아가 심해에 대해 이해하도록 지원하였다. 먼저 인근 자연사박물관에서 '심해'를 주제로 진행 중인 전시회를 견학하였다. 유아는 1) 심해에서 일어나는 일, 2) 심해로 가기 위해 필요한 잠수함, 3) 심해 생물의 특성에 대해 관심을 보였다.

- 인지〉과학〉생명과학: 심해 환경과 동물의 특성에 대해 안다.
- 인지〉과학〉과학적 기술: 심해 환경의 특성 때문에 나타나는 결과(즉, 심해 생물의 특성)에 대해 안다.
- 인지〉학습성향〉주도성: 공유 공간을 심해로 꾸미기 위해 알아야 하는 정보를 주도적으로 찾는다.

탐구

## 02 심해 환경에 대해 알아보기: 관련된 동화 살펴보기

"잠수함 안에는 부엌도 있고, 화장실도 있어요!"
"잠수함에서 밖을 보려면 잠망경도 있어야 해요!"
"잠수함은 운전대도 있어야 해요. 운전해서 돌아다녀야 하니까 그리고 프로펠러도요."
"바다 속에는 해초도 있고, 미역도 있어요."
"전기뱀장어도 있고, 문어도 있잖아."

"깊은 바다 속에는 귀가 달린 문어랑 오징어가 살고 있대요!"
"심해 생물은 정말 못 생겼어요. 아귀 보세요."
"깊은 바다에는 '스페인 댄서'랑 '아기코끼리 문어'가 살고 있어요."
"깊은 바다에 사는 생물은 엄청 커요."

자연사박물관 견학 후 심해 환경에 대해 관심이 더욱 높아졌고, 동시에 심해에 사는 생물과 심해를 살펴보기 위해 타고 가야 하는 잠수함에 대해서도 관심이 많아졌다. 교사는 유아에게 친숙한 동화를 통해 심해 속 생물과 잠수함에 대해 살펴보기로 하였다.

심해 생물은 색이 어둡고 생김새가 낯설게 느껴져서인지 유아가 무서워하는 경우가 있었기 때문에 『무지개 물고기와 신기한 친구들』 동화를 통해 심해 생물의 특징과 생김새에 대해 더욱 자세하게 알도록 지원하였다. 또한 동화책은 일반적으로 자유선택활동 시간에 언어 영역에 내주는 경우가 많았지만, 학급 전체가 참여해서 공간을 꾸미는 활동이기 때문에 대집단으로 진행하였다. 동화를 대집단으로 보여주면서 '동화 읽어주기'보다는 유아가 그림을 보고 '심해 환경의 특성에 대해 이야기'하도록 유도하였다.

- 언어>듣기 · 말하기>사회적 의사소통: 동화책의 장면을 통해 얻은 정보를 언어적으로 표현한다.
- 인지>과학>생명과학: 심해 환경과 동물의 특성에 대해 안다.
- 인지>과학>과학적 기술: 심해 환경의 특성 때문에 나타나는 결과(즉, 심해 생물의 특성)에 대해 안다.

탐구의 확장

# 03 그림으로 표현한 심해 환경

**심**해 환경에 대한 두 번의 탐색 후 공유 공간을 심해로 꾸미기 위해 심해를 그리기로 하였다.

◁ 파도 그리기

△ '심해' 기획전 포스터를 보며 왜 바다의 깊이에 따라 다르게 색칠 하는지 생각해보기 - 바다 깊은 곳에는 빛이 잘 들어오지 않아 어둡다는 이야기를 나눔

**심**해를 그리는 과정에서 교사는 1) 공동 작업(심해 환경 그리기)과 개별 작업(심해 생물 그리기)을 병행하고, 2) 심해의 특성이 드러나도록 그리게 지원하는데 초점을 두고자 하였다. 그러나 유아가 공동으로 그린 심해 환경은 자연사박물관 견학과 동화책 함께 보기를 통해 얻은 지식이 반영되기보다는 유아가 많이 접해온 바다가 반영되어 있었다. 유아는 심해에 없는 파도를 '예쁜 색'으로 그렸고 바다색도 '밝고 예쁜 색'으로 칠했다. 교사는 심해 환경을 다시 환기시키기 위해 자연사박물관 '심해' 전시회의 포스터를 다시 보여주고 바다의 깊이에 따라 바다색이 달라짐을 상기시켰다. 이 과정을 통해 유아는 어두운 색 바다를 그렸고, 자신들이 그린 다양한 색의 바다를 다시 배열하여 '빛에 따라 달라지는 바다색'을 표현하였다.

- 인지〉과학〉과학적 기술: 심해 환경에 관한 과학적 탐구의 결과를 그림으로 표현하는데 적용한다.
  바다의 깊이에 맞게 바다의 색을 칠한다.
- 사회〉공동체에서 역할 수행: 협동적인 미술활동에 참여하여 즐긴다.
- 예술〉예술활동에서 창의성: 심해 환경을 창의적으로 표현한다.

탐구의 확장

# 03 그림으로 표현한 심해 환경

△ '심해'와 관련된 책 찾아보며 심해 생물 그리기

**개**별 작업으로 진행된 심해 생물 그리기 과정에서도 유사한 경향이 관찰되었다. 유아는 심해에 사는 것과는 관련 없는 익숙하게 보아온 '예쁘고 밝은' 바다 생물 그리기를 선호하였다. 집단으로 진행된 바다 색칠하기 과정에서는 어두운 바다를 칠하는데 거부감이 없던 유아도 '못생기고 익숙하지 않은 모양을 가진 심해 생물'을 그리는 것에는 거부감을 표현하였다. 교사는 '심해 생물에 대한 사실적 표현'과 '유아가 선호하는 표현 방식' 사이에서 유아의 표현 방식을 존중하기로 결정하였다. 유아에 따라 심해 생물을 그리기도 하였고 원하는 바다 생물을 그리기도 하였기 때문에 유아와 토의하면서 깊이에 따라 다르게 배치하여 서식환경에 따른 바다 생물의 특성을 나타내도록 하였다.

- 인지〉과학〉과학적 기술: 심해 생물에 관한 과학적 탐구의 결과를 그림으로 표현하는 데 적용한다.
  바다의 깊이에 맞게 서식하는 생물을 배치한다.
- 사회〉공동체에서 역할 수행: 협동적인 미술활동에 참여하여 즐긴다.
- 예술〉예술활동에서 창의성: 심해 생물을 창의적으로 표현한다.

탐구의 적용

# 04 공유 공간에서 할 수 있는 놀이 생각해보기

**공**유 공간은 다양한 연령의 영유아가 놀이를 할 수 있도록 꾸미는 것이 목적이므로 심해 환경을 벽화 형태로 완성한 후 어떤 놀이를 할 수 있을지 생각해 보았다.

- 언어〉듣기 · 말하기〉사회적 의사소통: 주제에 맞는 자신의 생각을 나눈다.
- 인지〉학습성향〉문제해결에 필요한 창의력: 공유 공간에서 해볼 수 있는 놀이를 생각해본다.
- 인지〉학습성향〉주도성: 다양한 연령이 함께 할 수 있는 놀이에 대해 적극적으로 고안한다.

탐구의 적용

# 04 공유 공간에서 할 수 있는 놀이 생각해보기

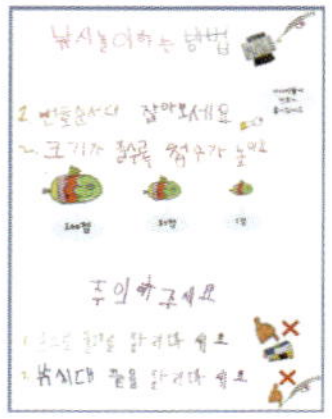

"낚시를 하려면 물고기가 필요해!"
"재활용품으로 여러 가지 물고기를 만들 수 있어."
"낚시 놀이를 하려면 놀이하는 규칙이 필요해요."
"계단 밑은 잠수함으로 만들어요. 운전대랑 프로펠러도 만들어서 붙여요."
"잠수함에서 밖을 볼 수 있는 잠망경도 있으면 좋겠어요. 그러면 진짜 잠수함을 탄 거 같을 거예요."
"등대도 만들어요. 바다에서 배가 잘 볼 수 있게 알려주려면 등대가 필요해요."

교사는 1) 다양한 연령의 유아가 할 수 있는 놀이, 2) 바다와 관련 있는 놀이를 생각해 보도록 격려하였다. 유아들은 바다 또는 심해와 관련된 1) 낚시놀이, 2) 잠수함 타기놀이를 제안했고, 자신들이 만든 놀이에 대해 잘 모르는 다른 반 유아를 위해 놀이 규칙을 만들어 주기로 결정하였다. 낚시놀이는 유아가 일상적으로 경험한 경험의 반영이었고, 잠수함 타기놀이는 심해의 특성과 심해로 여행하는 방법에 대한 이야기 나누기의 반영이었다. 낚시놀이에 관심 있는 유아는 다양한 폐품을 활용하여 바다 생물을 만들었고, 잠수함 만들기에 관심 있는 유아는 운전대, 프로펠러, 잠망경, 등대를 만들었다. 앞선 경우와 마찬가지로 4세 학급의 유아는 이미 알고 있던 또는 경험했던 것과 새로 학습한 것이 모순(즉, 심해에서는 낚시질을 할 수 없음)됨을 스스로 느끼지 않았고 교사가 알려주어도 개의치 않았다. 이는 각 사안에 대한 논리적 사고가 발달하는 시기이지만 다양한 사안 간의 논리적 연계나 그리기 원하는 것과 그려야 하는 것 사이의 조율이 어려운 연령적 특성이 반영된 것이었다.

- 인지〉학습성향〉주도성: 다양한 연령이 함께 놀이할 수 있는 놀이를 고안한다.
- 예술〉예술활동에서 창의성: 바다 생물을 입체적으로 만든다.
- 사회〉사회적 관계: 다양한 연령의 유아가 좋아할 만한 놀이를 고안한다.

## 탐구의 적용

# 04 공유 공간 이름 짓기

유아가 만든 공유 공간의 이름을 짓기 위해 이야기를 나누었다.

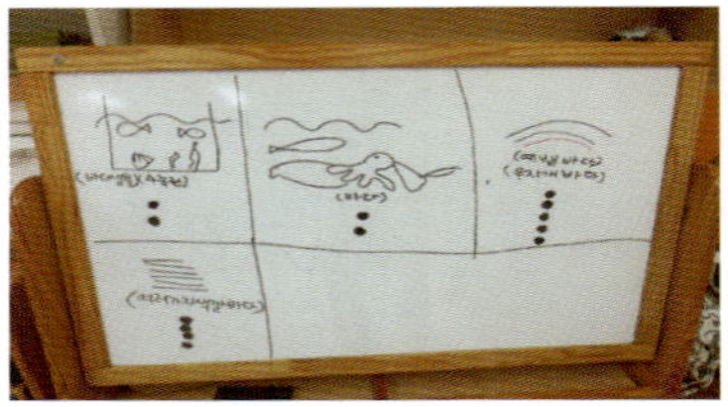

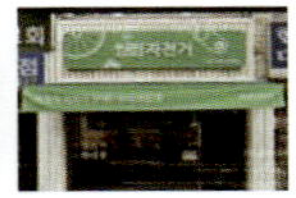

교사는 공유 공간의 이름 짓기를 할 때 유아가 공유 공간의 특성이 잘 표현된 이름을 생각해 볼 수 있도록 지원하고자 하였다. 이를 위해 상점의 특성이 잘 표현된 상점 사진과 이름을 보여주고 이름만 보고 어떤 가게인지 추측해보도록 하였다.

교사는 이름만 제안하는 것이 아니라 "○○○이니까 ##라고 하고 싶어요."처럼 공유 공간의 어떤 특성 때문에 그렇게 이름 짓기를 원하는지 생각해보도록 제안하였다. 이 과정에서 공간의 특성이 잘 반영된 이름 몇 개가 제시되었고 다수결을 통해 '무지개빛 예쁜 바다'로 결정하였다.

이름을 지을 때 바다의 깊이를 표현하기 위해 색을 다르게 칠했던 것을 떠올리기도 하고, 심해 생물을 붙였던 것을 회상하였다. 그러나 '심해'라는 익숙하지 않은 단어보다는 익숙하고 친근한 '바다'에 초점을 맞추는 모습을 보였다. 대신 앞에 다양한 수식어를 붙이며 스스로 만든 공간의 특성을 이름에 담기 위해 노력하는 모습을 볼 수 있었다.

"바다 생물이 많으니까 '수족관'이라고 하고 싶어요."

"나는 '바다'라고 하고 싶어요. 수족관은 갇혀 있는데 바다는 갇혀 있지가 않잖아요."

"우리가 바다를 여러 가지 색으로 칠했으니까 '예쁜 바다'라고 할래요. 무지개빛이 나는 예쁜 바다."

"여러 가지 색으로 칠했으면 '여러 가지 색깔 바다'가 낫지 않아요?"

- 언어>듣기 · 말하기>수용적 언어 이해: 이름 짓기 과정에서 다른 유아가 제안한 이름과 그 이유를 경청한다.
- 사회>공동체에서 역할 수행: 학급에서 결정하기로 한 것에 대한 합리적인 안을 제시한다.
- 인지>학습성향>문제해결에 필요한 창의력: 공간의 특성을 '이름'의 형태로 표상한다.
- 인지>수학>측정: 제시된 안에 대한 투표 결과를 안다.
- 인지>수학>자료 분석: 투표 결과를 비교하여 최종적으로 공유 공간의 이름을 선정한다.

탐구의 적용

# 04 공유 공간 사용법 알려주기

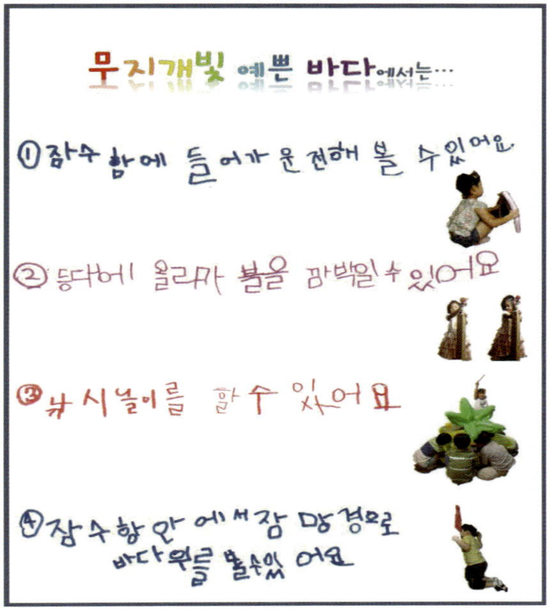


'무지개빛 예쁜 바다'에서 놀이할 유아를 위해 '공간 사용법'을 안내하는 포스터를 제작하였다.

교사는 '무지개빛 예쁜 바다'가 학급에서 멀리 떨어진 계단 아래의 공간이었기 때문에 특정 시간대에 학급에 초대해서 함께 놀이하는 것이 아님을 알리고 그에 맞는 안내 포스터를 제작하도록 격려하였다. 유아에게 일상적인 포스터에 넣는 시간, 장소 등에 대한 정보가 필요한지 생각해보도록 하고 공간의 특성에 맞는 안내문을 제작하도록 지원하였다. 유아는 낚시터 사용법과 잠수함 사용법을 중심으로 포스터를 제작하였다.

- 언어〉듣기 · 말하기〉수용적 언어 이해: 포스터 제작 과정에서 다른 유아가 제안한 놀이 방법과 이유를 경청한다.
- 사회〉공동체에서 역할 수행: 학급에서 결정하기로 한 것에 대한 합리적인 안을 제시한다.
- 인지〉학습성향〉문제해결에 필요한 창의력: 놀이 방법을 잘 알려줄 수 있는 '포스터 내용'을 고안한다.

탐구 결과의 활용

# 05 다양한 연령의 놀이

"계단은 너무 좁은 것 같아요.
놀잇감을 복도로 옮기면 더 넓게 할 수 있을 것 같아요."

"여기 진짜 바다 같아. 내가 고래할게."
"고래가 오면 등대 위로 올라가서 피하자!"

"신기한 동물들이 많아요."

"동물 맞히는 거 재미있어요."

계단을 사용해 이동하는 과정에서 다양한 연령의 영유아가 놀이하였다.

# 어린이 은솔극장

만 4세

**관심의 시작**
- 상자를 활용한 놀이

**탐구**
- 교실에 만든 영화관
- 계단 극장 경험하기
- 영화 내용 구성하기

**탐구의 확장**
- 이전의 계단 극장 살펴보기
- 극장 이름 정하기
- 극장을 구성하기 위해 필요한 것

**탐구의 적용**
- 극장에서 지켜야 할 약속
- 극장에서 상영할 영화 제작하기
- 극장 홍보하기
- 극장에서 상영할 영화 정하기
- 역할 정하기

**탐구 결과의 활용**
- 극장 운영하기

관심의 시작

# 01 상자를 활용한 놀이

"이건 3D 영화라 안경을 써야 해."
"우와, 진짜 로봇이 앞으로 나오는 것 같아."

"나도 영화 볼래."
"그러면 의자를 더 많이 만들자."

**유**아가 상자를 이용해 다양한 놀이를 하다 상자로 스크린을 만들고 영화관놀이를 하기 시작했다. 3D 영화를 본 기억을 되살려 블록으로 안경을 만들어 쓰고 영화를 보았다. 영화관 놀이는 수일에 걸쳐 지속되었다.

**쌓**기놀이 영역에서 놀이를 했기 때문에 영화관이 매일 다르게 지어졌다. 교사는 그날의 상황에 갖게 영화관을 운영하려면 어떻게 해야 하는지를 중심으로 유아와 상호작용하였다.

- 인지〉학습성향〉주도성: 주변 사물에 대해 호기심을 갖고 필요에 따라 활용한다.
- 인지〉학습성향〉문제해결에 필요한 창의력: 한 가지 사물을 다양한 용도로 활용한다.
- 사회〉사회적 관계: 자신의 경험을 또래와 공유하여 놀이로 표현한다.

탐구

# 02 교실에 만든 영화관

"여기는 팝콘 가게야. 팝콘 팔아요."

"의자에 이렇게 쓰여 있었어요."

영화관에 대한 관심이 지속되었을 뿐만 아니라 점차 많은 유아가 참여하였다. 교사는 유아가 영화관에서 했던 경험을 공유하고 그것을 영화관놀이에 반영하게 할 적기라고 판단하였다.

교사는 유아와 영화관에서 경험한 것에 대해 이야기를 나누었다. 유아는 큰 스크린, 팝콘 가게, 표 사고 내는 것, 의자에 붙은 번호를 찾아 앉는 것, 시간에 맞춰 가야 하는 것을 언급하였다. 이야기 나누기 후 유아는 앞 · 뒤 좌석의 높이를 다르게 하여 좌석을 만들었고, 좌석 번호를 붙이기도 했다. 한쪽에는 팝콘 가게도 생겼다. 영화의 제목과 시간을 정해 영화를 홍보하기도 하고 역할도 나눠서 맡기 시작했다.

- 언어〉듣기 · 말하기〉사회적 의사소통: 역할에 적절한 어휘를 사용한다.
- 사회〉공동체에서 역할 수행: 놀이에 필요한 역할을 인식하고 분담한다.
- 인지〉학습성향〉주도성: 놀이 시 발생하는 문제점을 인식하고 문제해결을 위한 방법을 찾는다.

탐구

# 02 영화 내용 구성하기

△ 인형 활용해 이야기 만들기

△ 책과 블록 활용하기

△ 태블릿 PC 활용하기

**영**화관을 만들고 역할을 나눠서 역할놀이를 하는 것은 순조롭게 진행되었으나 상영할 영화의 내용을 구성하는 것은 어려웠다. 만 4세 학급의 학기 초라 줄거리가 있는 긴 이야기를 만드는 것을 어려워 했고, 영화 내용을 표현할 방법도 잘 찾지 못했다.

**교**사는 상영할 영화가 없어 영화관놀이에 대한 관심이 낮아지지 않게 하기 위해 간단하게 영화를 만들 수 있는 방법을 유아와 찾았다. 유아는 인형과 블록을 이용해 이야기를 즉석에서 지어내거나, 익숙한 그림책을 보면서 인형을 움직이는 형태로 영화를 만들었다. 교사는 유아의 신체표현 영상을 태블릿 PC에 담아 제공하여 이야기 만들기에 부담을 느끼는 유아들이 원하면 사용할 수 있게 하였다.

- 언어〉듣기 · 말하기〉표현적 언어: 문장을 구성하여 이야기를 지어낸다.
- 인지〉학습성향〉주도성: 이야기 구성에 적절한 소품을 활용한다.
- 예술〉예술활동에서 창의성: 주변의 사물을 사용해 극에서 표현하고자 하는 것을 창의적으로 표현한다.

# 탐구 02 계단 극장 경험하기

이 과정에서 유아가 직면한 새로운 어려움은 매번 영화관을 다시 지어야 한다는 것과 스크린이 작아 영화관 느낌이 나지 않는다는 것이었다. 유아는 진짜 극장처럼 큰 스크린을 가지고 싶어 했다.

이전에 다른 학급에서 극장으로 사용했던 공간에서 태블릿 PC로 보았던 신체표현 '꽃씨'를 큰 스크린으로 다시 보았다. 그리고 해당 공간을 어떻게 사용할 지 결정하기 전에 다른 학급이 운영한 계단 극장을 방문했던 경험에 대해 이야기 나누었다. 그러나 유아들이 단편적인 것만 기억하고 있었고, 공간도 그대로 남아 있지 않아 순조롭지 못했다. 교사는 유아의 기억을 되살리고, 사고를 촉진시키기 위해 작년에 극장이 만들어지는 과정을 사진으로 보여주기로 결정했다.

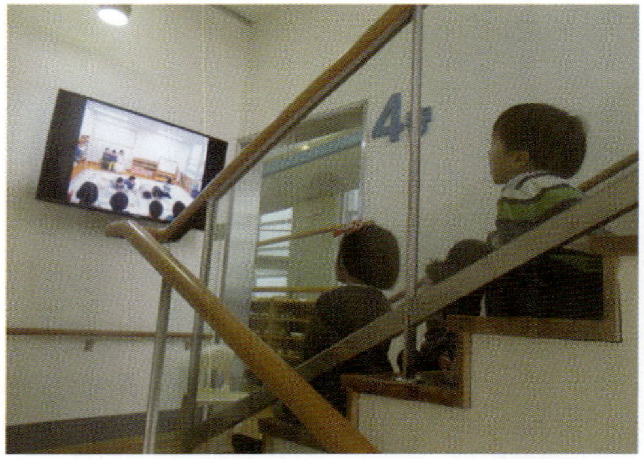

"잘 보여서 좋아요."

"소리가 잘 들려요."

"계단에 숫자가 있어서 진짜 영화관 같아요."

- 인지〉학습성향〉주의집중: 공간의 특성을 파악하기 위해 주의를 기울인다.
- 언어〉듣기 · 말하기〉사회적 의사소통: 공간의 특성에 대한 서로의 생각을 나눈다.

탐구의 확장

# 03 이전의 계단 극장 살펴보기

"형님들은 컴퓨터로 영화관놀이를 했어요."

"우리는 의자 옆에 숫자를 붙였는데 형님들은 등에 붙였어요."

"우리가 은솔극장을 해요."

"지금은 우리가 은솔극장을 하고 5살 동생들이 크면 또 은솔극장을 하고 계속계속 은솔극장이 했으면 좋겠어요."

**작**년에 계단 극장이 만들어지게 된 배경, 과정, 극장의 모습을 함께 보았다.

**교**사는 유아가 공간에 대한 단순한 흥미에서 더 나아가 계단 극장이 운영되어 온 역사를 인식하고, 현재의 모습과 비교해 볼 수 있도록 했다. 또한 극장을 구성하기 위해 필요한 것과 과정을 인식할 수 있도록 지원했다. 그리고 지금은 사용되지 않고 있는 공간(계단)을 극장놀이를 할 수 있는 공간으로 활용하기로 유아와 함께 결정했다.

- 언어〉듣기 · 말하기〉사회적 의사소통: 같은 주제로 이야기 나누며 의견을 교환한다.
- 사회〉사회과 지식〉역사적 지식: 과거와 현재 극장놀이와 계단 극장의 유사점과 차이점을 인식한다.
  계단 극장이 만들어지게 된 과정을 보며 시간의 연속성을 이해한다.
- 인지〉학습성향〉주도성: 계단 극장 운영을 위한 의사결정 과정에 주체적으로 참여한다.

탐구의 확장

# 03 극장을 구성하기 위해 필요한 것

▽ 팝콘 가게 만들기

"팝콘이 튀어나오면서 만들어지는 곳이 있어요."
"팝콘 가게처럼 보이게 이름도 쓰고, 팝콘도 만들어 붙여요."

다 함께 계획하는 과정을 통해 극장을 운영하기 위해 준비해야 하는 것으로 팝콘 가게, 매표소, 간판, 좌석, 시간표 등이 언급되었고 역할을 나누어 만들기로 했다.

△ 표 만들기

△ 팝콘 가게와 매표소

교사는 제작 과정에서 유아가 참고할 수 있도록 실제 영화관에서 볼 수 있는 것을 찍은 사진을 제공하였고 상자와 폐품 등을 사용해 필요한 물품을 제작하도록 지원하였다. 특히 제작하는 것의 특징적인 모습을 잘 살펴 제 기능(예 표에 좌석 번호 넣기)을 할 수 있게 만들도록 강조하였다.

- 언어〉듣기 · 말하기〉사회적 의사소통: 극장을 구성하기 위해 필요한 것에 대한 서로의 생각을 나눈다.
- 인지〉학습성향〉주도성: 극장 구성하는 과정을 계획하고 실천한다.
- 인지〉학습성향〉관찰력: 실제 극장의 모습을 주의 깊게 살펴보고 특징을 파악하여 극장을 구성하는 데 적용한다.
- 사회〉사회적 관계: 극장 구성을 위한 협동적인 미술활동에 참여하며 즐긴다.
- 예술〉예술활동에서 창의성: 극장놀이에 필요한 소품을 창의적으로 구성한다.
- 인지〉수학〉수와 연산: 극장 좌석에 필요한 수를 세고, 좌석 번호를 순서대로 배열한다.

탐구의 확장

# 03 극장 이름 정하기

극장 표지판을 만들기 위해서는 먼저 극장 이름을 정해야 했다.

교사는 극장 이름 짓기를 할 때 다른 사람이 이름을 듣고 어떤 극장인지 알 수 있게 극장의 특성을 표현할 수 있도록 지원하고자 했다. 이를 위해 작년에는 극장 이름을 어떻게 짓게 되었는지 들려주었고, 유아가 이름을 제안할 때 어떤 이유로 그렇게 이름 짓기를 원하는지 이야기하도록 했다. 이 과정에서 내가 좋아해서 짓고 싶은 이름과 극장에 어울리는 이름이 어떻게 다른지 생각해 볼 수 있었다. 다수결을 통해 '어린이 은솔극장'으로 결정되었다.

"어린이 은솔극장이요. 모든 어린이가 볼 수 있잖아요."
"바다 은솔극장이요. 바다처럼 넓잖아요."
"재미있는 것을 보니까 재미있는 은솔극장으로 해요."

- 언어>듣기 · 말하기>수용적 언어 이해: 이름 짓기 과정에서 다른 유아가 제안한 이름과 그 이유를 경청한다.
- 사회>사회과 지식>사회 · 심리적 지식: 극장 이름 결정에 대해 합리적인 안을 제시한다.
- 언어>듣기 · 말하기>표현적 언어: 공간의 특성을 이름의 형태로 표상한다.
- 인지>수학>수와 연산: 제시된 안에 대한 투표 결과를 안다.
- 인지>수학>자료분석: 투표 결과를 바탕으로 극장의 이름을 선정한다.

탐구의 적용

# 04 극장에서 지켜야 할 약속

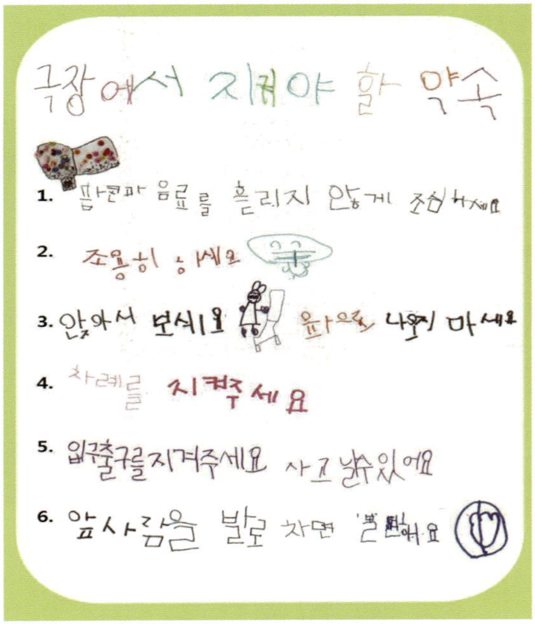


"내가 극장에 갔었을 때 인형 옷 입은 사람들이 앞으로 나오면 안 된다고 이야기했었어."
"나도 영화 볼 때 앞사람을 발로 차지 말라고 했어."
"영화를 다 보고 계단을 내려갈 때는 차례차례 가야 해. 안 그러면 사고나."

극장을 개관하기 위해 필요한 것을 준비한 후, 다음 단계로 극장을 운영하기 위해 필요한 것을 알아보았다.

극장에서 지켜야 약속을 정할 때 극장을 다녀온 경험, 계단 극장을 사용해 보았던 경험을 떠올려 꼭 필요한 규칙을 생각해 볼 수 있도록 했다. 이를 위해 극장에서 영화 상영 전 나오는 에티켓 영상을 보여주어 경험을 떠올리게 하고, 약속을 어떤 방법으로 표현해 알릴 것인지 생각해보도록 했다.

약속을 정할 때에는 꼭 알려야 하는 규칙인지 생각해 보게 해서 필요한 규칙만 선정하였다. 이 과정에서 6가지 약속이 정해졌다. 약속은 글과 그림으로 적어 붙이기로 했지만 영화 시작 전 관객에게 말로 다시 한 번 설명하기로 했다.

- 사회〉사회과 지식〉사회 · 심리적 지식: 극장에 필요한 약속을 만드는 데 합리적인 안을 제시한다.
- 언어〉듣기 · 말하기〉수용적 언어 이해: 규칙을 정하는 과정에서 다른 유아가 제안한 규칙과 그 이유를 경청한다.
- 언어〉쓰기: 전달하고자 하는 내용을 쓰기를 통해 표현한다.
- 예술〉예술활동에서 창의성: 전달하고자 하는 내용이 잘 전달되도록 그림으로 표상한다.

탐구의 적용

# 04 극장에서 상영할 영화 정하기

**마**지막으로 극장에서 상영할 영화를 준비하는 과정이 남았다. 유아는 상영할 영화로 작년 극장에서 보았던 영상, 자신이 좋아하거나 재미있게 보았던 영화에 대해 이야기했다.

**교**사는 극장에서 상영할 수 있는 영화의 기준을 생각해 볼 수 있도록 하였다. 이야기 나누기를 통해 유아들은 1) 모든 연령의 어린이가 재미있게 볼 수 있는 내용을 기준으로 하고, 2) 폭력적인 내용과, 3) TV에서 볼 수 있는 것을 제외한 영화를 선정하기로 하였다.

- 언어>듣기 · 말하기>사회적 의사소통: 영화를 정하는 과정에서 또래와 같은 주제로 의사소통한다.
- 사회>사회과 지식>사회 · 심리적 지식: 다양한 연령의 유아가 재미있게 볼 수 있는 영화를 선정한다.

탐구의 적용

# 04 극장에서 상영할 영화 제작하기

**기**존에 만들어진 영화를 선정하는 것에 대한 어려움이 제기되었다. 어떤 영화는 길이가 너무 길어 극장에서 상영하기에는 적절하지 않았고, 이미 알고 있는 내용은 영화관에서 보고 싶지 않다는 것 등의 이야기가 나왔다. 그래서 유아가 만든 영화를 상영하기로 결정했다.

**교**사는 유아가 신체표현했던 '꽃씨'를 은솔극장에서 보았던 것을 예시로 들어 직접 영화를 만들 수도 있음을 알려 주었다. 그리고 실제로 영화관에서 상영되는 영화가 만들어지는 과정에 대해 간단히 설명해 주었다. 유아는 직접 영화를 제작하는 것에 관심을 가졌고, 영화의 내용에 대해 생각하기 시작했다.

"우리도 영화감독처럼 영화를 찍어 봐요."
"우리는 춤을 잘 추니까 춤추는 걸 찍어요."
"동극을 하면 좋을 것 같아요."
"우리 저번에 했던 '종소리 나라 무지개 마을' 이야기 그게 좋겠어요."

- 언어〉듣기 · 말하기〉사회적 의사소통: 영화를 정하는 과정에서 또래와 같은 주제로 의사소통한다.
- 사회〉사회적 관계: 영화 내용을 구성하고 제작하는 과정에서 또래와 협력한다.
- 사회〉사회과 지식〉사회 · 심리적 지식: 다양한 연령의 유아가 재미있게 볼 수 있는 내용을 구상한다.

탐구의 적용

# 04 극장에서 상영할 영화 제작하기

**유**아는 자신들이 한 동극과 악기 연주회의 동영상, 자신들이 지은 책으로 만든 영화를 상영하기로 결정했다. 영상을 제작하는 과정에서 유아는 현장에서 보는 것과 찍힌 것을 보는 것(즉, 기록된 영상)의 차이를 이해하지 못하는 듯했다.

"카메라를 보고 말을 해야 더 잘 보여요."

"앉아있는 친구들이 말하는 소리가 커서 뭐라고 말하는지 잘 안 들려요."

**교**사는 유아와 함께 제작하고자 하는 내용을 선정하고 구상했다. 영상을 찍고, 만드는 것은 교사가 도움을 주었고, 만들어진 영상을 함께 보고 평가하는 과정을 가져 영상을 만들 때 고려해야 하는 점을 알 수 있도록 했다. 그 과정에서 유아들은 목소리의 크기와 억양, 등장인물의 시선, 소음 등에 대해 고려해 볼 수 있었고, 점차적으로 관객을 고려한 영상을 만들어 나가게 되었다.

"소리가 안 들리니까 영화 같지가 않아요."

"우리가 목소리를 녹음해 넣어요."

"비누거품 괴물 목소리도 넣으면 더 재미있을 것 같아요."

그렇지만 비누거품이 가득 차서 한 발짝만 움직여도 '콰당'하고 넘어져 버렸어요.

- 언어〉사회적 의사소통: 언어적, 비언어적 의사소통 수단을 이용해 효과적으로 대사를 표현한다.
- 사회〉사회적 관계: 영화 내용을 구성하고 제작하는 과정에서 또래와 협력한다.
- 사회〉사회과 지식〉사회 · 심리적 지식: 관객을 고려하여 재미있게 볼 수 있는 영화를 제작한다.
- 예술〉예술활동에서 창의성: 영화로 제작할 내용을 도구, 소품, 무대를 사용해서 표현한다.

탐구의 적용

## 04 역할 정하기

**극**장을 운영하기 위해 필요한 사람과 그들의 역할에 대해 생각해 보았다. 유아는 필요한 역할에 대해서는 알았으나 각 역할은 한 명만이 맡을 수 있다고 생각하거나, 하고 싶은 역할에 많은 수의 인원이 필요하다고 이야기하는 등 수행해야 하는 일에 따라 필요한 사람의 수가 달라질 수 있음을 알지 못했다. 또한 역할을 정할 때, 자신이 하고 싶은 한 가지 역할만을 하려고 하며, 다른 역할이 하는 일에 큰 관심을 갖지 않는 경향이 있었다.

**정**한 역할에 따라 유아끼리 극장을 운영해보고 평가를 통해 수정하여 운영하였다. 이 과정을 통해 수행하는 일에 따라 역할을 맡는 인원이 늘어날 수도 줄어들 수도 있음을 알 수 있도록 지원하였다. 또한 역할 정하기 표를 통해 역할을 고루 선택해 볼 수 있게 했다. 점차 다양한 역할을 경험하면서 각 역할에서 느낄 수 있는 즐거움과 각 역할의 중요성을 알 수 있도록 했다.

- 인지〉학습성향〉계획–실행–점검 능력: 놀이에 필요한 역할과 그 역할에 필요한 수를 계획하고, 실행하고 점검한다.
- 정서〉감정조절: 역할 결정에 있어 자신의 감정과 욕구를 조절한다.
- 사회〉공동체에서 역할 수행: 다양한 역할에 적극적으로 참여한다.

탐구의 적용

# 04 극장 홍보하기

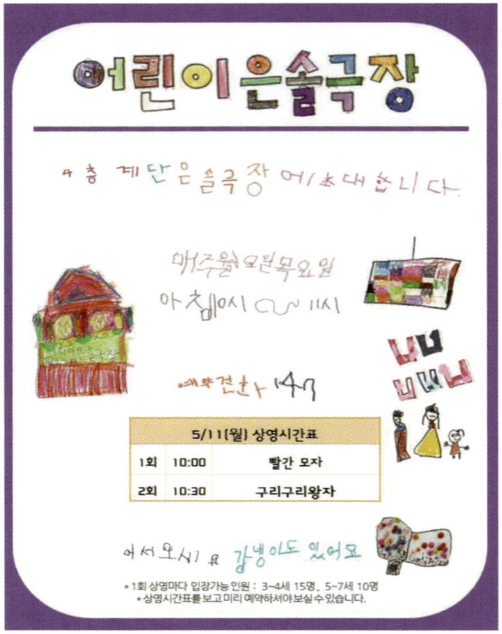


**유**아는 자신이 만든 극장에 여러 사람을 초대하고 싶어했다.

**관**객을 초대하기 위한 방법 중 하나로 포스터를 제작하기로 했다. 유아가 포스터를 만들어 보는 것은 처음이기 때문에 포스터의 기능을 알고, 담아야 할 정보를 생각해 볼 수 있도록 형님반의 전시회를 알리는 포스터와 작년 극장 홍보 포스터를 보여주었다.

**이**를 바탕으로 유아는 장소, 시간, 예약 전화, 영화 제목 등 극장에 오기 위해 알아야 하는 정보에 대해 이야기했다. 이 과정에서 극장을 여는 횟수와 요일, 시간을 함께 결정했다. 시간 개념은 유아가 정하기 어려운 부분이기 때문에, 교사가 준비 시간과 운영 시간을 고려하여 유아에게 설명해주고 정했다.

**만** 4세 유아는 글씨 크기 조절이 어려우므로 유아가 포스터에 들어갈 내용을 작성하면 교사가 이를 편집해 포스터를 구성했다. 각각의 글씨와 그림을 조합해 교사가 재구성한 포스터이기 때문에 유아와 함께 다시 한 번 살펴보며 포스터를 확정했다.

- 인지〉학습성향〉관찰력: 포스터의 특성을 알고 극장을 홍보하기 위한 포스터를 구성한다.
- 인지〉학습성향〉문제해결에 필요한 창의력: 극장 초대를 위해 전달해야 하는 내용을 선정해 포스터를 구성한다.
- 언어〉쓰기: 전달하고자 하는 내용을 쓰기를 통해 표현한다.
- 사회〉사회적 관계: 포스터 제작 과정에서 또래와 협력한다.

탐구의 적용

# 04 극장 홍보하기

"우리가 가서 어린이 은솔극장이 열린다고 말해줘요."
"큰 포스터는 붙이고 작게도 만들어서 동생반에 나눠 줘요."

**다**른 사람에게 극장을 알리는 방법에 대한 논의가 있었다. 이 과정에서 포스터와 직접 홍보 전략이 나왔다. 유아는 포스터를 붙일 장소를 임의로 생각했다.

**교**사는 홍보를 위해서는 많은 사람이 봐야 하므로 '많은 사람이 볼 수 있는 곳'을 찾아보도록 격려했다. 사람들이 드나드는 출입문과 엘리베이터 등 이동인구가 많은 지점으로 결정했다. 널리 홍보하기 위한 방법으로 직접 이야기하자는 의견이 나와 이를 실행하였다. 직접 이야기를 전달할 때에는 알리고자 하는 핵심적인 정보를 적절한 목소리로 이야기할 수 있도록 지도했다.

- 사회〉사회적 관계: 동생과 우호적인 관계를 형성한다.
- 언어〉듣기 · 말하기〉표현적 언어: 극장 초대를 위해 알려야 하는 정보가 포함된 문장을 구성하여 말한다.
- 언어〉듣기 · 말하기〉사회적 의사소통: 듣는 사람을 고려하여 의사소통한다.

탐구 결과의 활용

# 05 극장 운영하기

△ 매표소와 팝콘 가게의 역할

"몇 번 자리 드릴까요?"

△ 약속을 알려주는 모습

△ 청소하는 모습

△ 출구에서 표와 팝콘 컵을 받는 모습

△ 자리를 안내하는 모습

**반**별로 예약을 받아 극장을 운영했다. 다양한 역할이 있기에 해보지 않았던 역할을 맡았을 때는 어색해 하기도 했다. 또한 어린 동생도 또래와 비슷하게 대하는 경향이 있었다.

**교**실에 작은 공연장을 만들어 극장이 열리지 않는 날에도 극장놀이를 할 수 있도록 하여 각 역할을 이해하고, 자연스럽게 수행할 수 있도록 지원했다. 다양한 연령의 영유아가 극장에 오기 때문에 연령적인 특성을 고려해 안내할 수 있도록 지속적으로 알려주었다.

- 사회〉공동체에서 역할 수행: 자신이 맡은 역할과 책임을 충실히 수행한다.
- 사회〉사회적 관계: 동생, 형님과 우호적인 관계를 형성한다.
  동생의 능력을 고려하여 적절한 도움을 제공한다.
  공동체 의식을 가지고 또래와 협력하여 극장을 운영한다.

탐구 결과의 활용

# 05 극장 운영하기

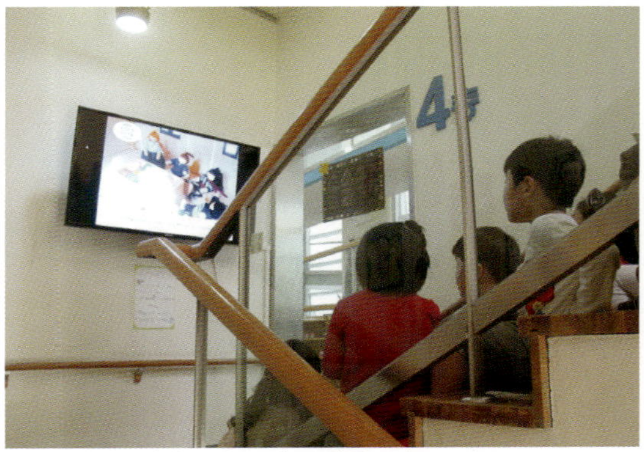

△ 극장에서 '비누거품 대소동'을 보는 모습

◁ 영화를 보고 있는 모습 △

은솔극장에서는 영화를 홍보하고, 예약하는 과정을 거쳐 다양한 연령의 관객을 맞이하여 영화를 상영했다. 자신이 참여한 영화가 상영되고, 그에 대한 관객의 반응을 보며 유아는 성취감을 느꼈다.

- 사회〉자아 인식 및 존중: 자신의 성취를 인식하고, 긍정적인 자아를 형성한다.

# 우리들 상상으로 만든 거미줄 놀이터

**만 4세**

| | | |
|---|---|---|
| **관심의 시작** | 지하 램프길 | |
| **탐구** | 거미줄과 거미 | 거미줄의 형태 |
| **탐구의 확장** | 표상에 적절한 자료 찾기 | |
| **탐구의 적용** | 거미줄 놀이터 만들기 | |
| **탐구 결과의 활용** | 놀이하기, 관리하기 | |

## 관심의 시작 01 지하 램프길

이화어린이연구원 지하 램프길을 지나던 만 4세 유아는 어두움과 관련된 상상을 하며, 거미줄과 거미를 떠올렸다.

교사는 유아가 상황을 가작하며 즉흥적이고 독특한 각본을 만들어내는 것이 추상적 사고와 언어 발달에 긍정적인 영향을 미친다고 판단하였다. 또한 "어둡다.", "무섭다."라고 표현한 것과 거미줄을 연계했다는 점에서 거미줄과 거미에 대해 유아가 가지고 있는 개념은 어떤 것인지 궁금하였다. 교사는 유아의 이야기에 관심 있게 반응하고 관련된 자료와 정보를 제공해서 램프길에 사는 거미에 대한 유아의 상상놀이를 격려하였다.

△ 전면이 유리로 된 지상층과 달리, 벽면으로 막혀 비교적 어두운 지하층 램프길

"어두워서 무서워."
"귀신이 살고 있는 거 아냐?"
"거미줄도 있을 것 같아."
"모두 조용히 해, 거미가 잡아먹으러 올지도 몰라!"

- 언어〉말하기〉문장 및 문법: 주변 환경에 대한 자신의 생각과 감정을 이야기로 표현한다.
- 인지〉학습성향〉문제해결에 필요한 창의력: 사전 경험 및 정보를 활용하여 가상의 상황을 설정하고 구체화한다.
- 예술〉예술활동에서 창의성: 어두운 환경에서 연상되는 것들을 창의적 이야기로 만들어 표현한다.

탐구

# 02 거미줄과 거미

**상**상놀이를 즐기던 유아가 램프길에 실제로 거미줄이나 거미가 있었으면 좋겠다는 의견을 냈다.

**교**사는 유아가 표상을 위한 세부적인 정보를 얻을 수 있도록 거미와 거미줄의 생김새가 잘 드러난 과학 도서를 제공하였다. 유아끼리 자유롭게 읽거나 교사와 소집단으로 함께 읽으며 각자 얻은 정보, 인상, 의견 등을 교환하도록 하였다. 이러한 상호작용을 통해 유아의 관찰과 이해를 돕고 이후에 이것이 다양한 표현으로 이어지도록 지원하고자 했다.

"다리에 줄무늬가 있는 거미도 있어."
"이 거미는 털이 나 있어."
"하나, 둘, 셋···, 거미는 다리가 여덟 개네."
"나는 이 거미가 제일 마음에 들어, 이 거미는 이름이 뭐예요?"
"거미줄을 건드리면, 먹이를 먹으러 온대."

- 인지〉학습성향〉호기심: 대상에 대한 호기심을 유지하며 탐구한다.
- 인지〉과학〉생명과학: 다양한 거미 종에서 나타나는 유사하거나 독특한 특징을 안다.
  거미가 필요로 하는 독특한 서식 환경이 있음을 인식하고 그 특징을 안다.

탐구

# 02 거미줄의 형태

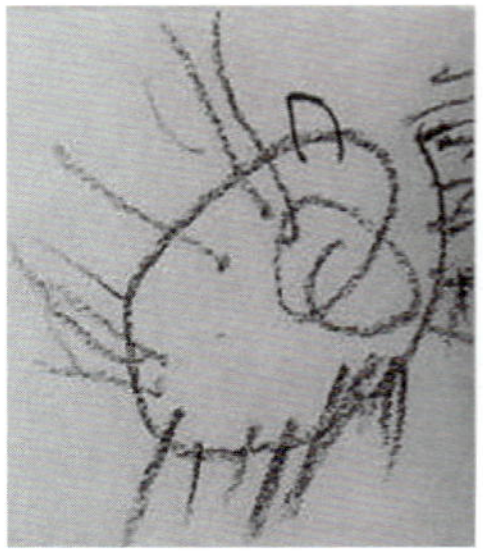

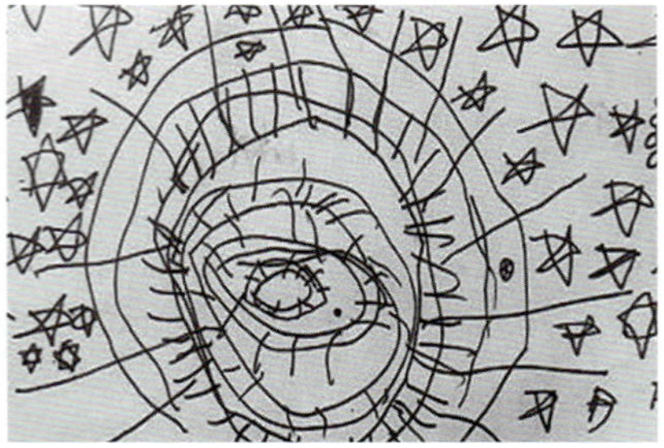

책을 보며 거미줄에 관심을 갖게 된 유아가 거미줄을 그리기 시작하였다. 유아는 원(또는 겹원)에서 여러 개의 짧은 선이 뻗어 나오는 형태로 거미줄을 표상하였다.

교사는 그림을 통해 거미줄 형태에 대한 유아의 이해 부족을 인식하였다. 그림 속 방사실은 중앙의 한 지점에서 교차하지 않고 각각 다른 출발점에서 시작해 짧게 끊겨 있어, 거미줄의 중요한 특징인 구조적 안정성이 나타나지 않았다. 교사는 유아가 거미줄의 구조를 잘 이해할 수 있도록 실제 거미가 줄을 치는 원리와 유사하게 입체적 구성물을 만들어보도록 지원하였다. 교실 넓은 벽면에 커다란 방사선을 설치하고, 방사형의 안정적 지지대 위에 나선실을 연결할 수 있도록 하였다.

- 인지〉수학〉도형: 거미줄의 구조를 이해한다.
- 인지〉과학〉물리과학: 물질(가는 끈)이 가지는 독특한 특성(꼬거나 묶을 수 있음)을 이해한다.

탐구

## 02 거미줄의 형태

**유**아는 자유선택활동 중 반복해서 끈을 묶었다 풀며 시행착오 과정을 거쳤다. 나선실을 어긋나게 묶기도 하고, 매듭을 잘 짓지 못해 대강 감아놓기도 하였다. 유아는 실을 묶는 자신의 행동에만 집중하였고, 어려움을 느낄 때는 교사에게 도움을 요청했다.

▽ 어긋나거나 중간이 끊긴 나선실

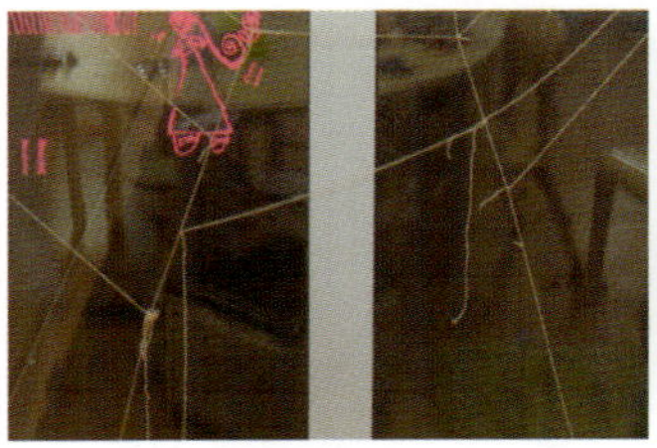

"여기가 좀 이상한데?"

**교**사는 거미줄 구조(나선실이 어긋남 없이 원으로 연결되는 것)를 이해하는 것과 매체 다루는 기술(가는 끈 묶기)을 습득하는 것 두 가지 측면에서 어려움이 있다고 판단하였다. 유아가 교사에게 반복해서 도움을 요청했기 때문에, 교사는 유아가 주도적으로 해결 전략을 활용할 수 있도록 지원하였다. 교사는 실제 거미줄과 유아가 묶어 놓은 끈 사이에 다른 점은 없는지 의문을 제기하며 교실에 제공된 책이나 사진과 비교해보도록 하였다. 유아는 정확한 자료를 준거 삼아 판단하며 자신의 오류를 수정하였다. 또한 교사는 각 유아의 행동이나 결과물에 대해 언급하며 또래 간의 상호작용이 이루어지도록 격려했다. 서로 정보와 전략을 공유하고, 공동의 목표를 위해 협력하면서 점차 실물에 가까운 거미줄이 만들어졌다.

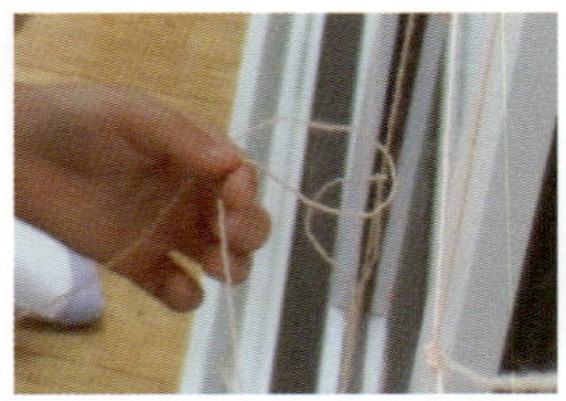

"고리를 크게 만들면 잘 묶여."

- 인지〉수학〉도형: 거미줄의 구조를 이해한다.
- 인지〉과학〉물리과학: 물질(가는 끈)이 가지는 독특한 특성(꼬거나 묶을 수 있음)을 이해하고 활용한다.
  구조물의 디자인과 균형이 구조의 안정성에 영향을 미친다는 점을 이해한다.
- 사회〉사회적 관계: 공동 작품 구성 및 문제해결 과정에서 또래와 협력한다.

탐구의 확장

# 03 표상에 적절한 자료 찾기

**거**미줄을 만드는 과정에서 유아의 표상 욕구가 높아졌고, 자유선택활동 시간 중 거미를 만드는 유아가 많이 생겼다. 그러나 미술 영역에 비치된 자료로는 유아가 의도한 것을 표현하는 데 한계가 있었다.

**교**사는 성인이 사용하는 자료실로 유아를 데려가 여러 가지 자료를 보고 직접 고를 수 있게 하였다. 직접 볼 수 있는 곳은 스스로 살펴볼 수 있게 하고, 손 또는 시선이 닿지 않는 곳은 요청에 따라 꺼내주거나, 먼저 소개해 주면서 제한 없이 자료를 살펴볼 수 있도록 하였다. 유아는 자신이 만들고 싶었던 거미의 특성이나 습득한 정보에 맞게 자료의 특성(질감 · 색 등)을 고려해 자료를 골랐다.

"털이 있는 이게(모루) 좋겠어요."
"호랑거미를 만들려면 노란색이랑 검정색이 있어야 해요."

- 예술〉예술활동에서 창의성: 자신의 생각과 감정을 조형물을 통해 표현한다.
- 인지〉학습성향〉주도성: 표상에 필요한 자료를 고르는 일에 자발적으로 참여한다.
- 인지〉과학〉물리과학: 물체의 독특한 속성을 인식한다.

탐구의 적용

# 04 거미줄 놀이터 만들기

**유**아는 완성된 거미줄을 램프길 내의 어떤 지점에 배치할지 의논하였다. 교사는 교실에 만든 거미줄을 떼어내서 결정된 위치에 붙여주었다. 유아는 거미줄 위의 원하는 위치에 자신의 거미를 고정하였다.

**교**사는 유아가 각자 자신의 거미를 고정할 방법을 찾도록 하였다. 거미를 만든 재료 특성에 맞게 테이프로 붙이기, 실로 묶기, 모루로 감기 등의 방법이 나타났다.

**한**편, 교사는 만들어진 놀이터에 영유아가 적극적으로 참여하고 조작할 수 있는 요소가 부족한 점이 아쉽게 느껴졌다. 탐구한 내용을 활용할 또 다른 방안은 없을지 고민해보았고, 거미줄에 대해 얻은 정보(거미줄의 점성과 줄을 통해 감지되는 진동을 통해 먹이를 사냥한다는 점)를 '거미줄을 건드리지 않고 지나가는 놀이 규칙'으로 적용해 보도록 제안했다.

- 인지〉수학〉공간관계: 공간의 특성과 공간 속 구성 요소 간 위치 관계를 인식한다.
- 인지〉학습성향〉문제해결에 필요한 창의력: 거미를 안정적으로 고정하기 위한 문제를 해결한다.

## 탐구의 적용

# 04 거미줄 놀이터 만들기

**유**아는 거미의 사냥에 대해 탐구한 내용을 떠올리며, 통행하는 사람들이 걸릴 수 있는 위치에 추가로 거미줄을 설치하였다.

**교**사는 어떤 사람들이 램프길(성인, 유아, 영아)을 지나가게 될지 생각해 보도록 하였고, 줄을 설치하는 과정에서 직접 통행자의 입장이 되어 거미줄을 지나가보도록 하였다. 유아는 직접 줄을 넘어가거나 아래로 지나가며 지나치게 높거나 낮은 줄, 여러 줄이 겹쳐있는 곳의 끈을 옮겨서 난이도를 조정했다.

"이 줄은 너무 낮아."

- 인지〉학습성향〉문제해결에 필요한 창의력: 램프길 통로에 거미줄을 안정적으로 설치하기 위한 문제를 해결한다.
- 사회〉사회적 관계: 사용할 사람의 특성을 고려하여 제작한다.
- 인지〉수학〉공간관계: 공간의 특성과 공간 속 구성 요소 간 위치 관계를 인식한다.

탐구 결과의 활용

# 05 놀이하기, 관리하기

**만**들어진 거미줄 놀이터는 연구원에 다니는 모든 영유아가 일과 중이나 등·하원시 통행하며 자연스럽게 이용하게 되었다. 영유아는 설치된 조형물을 통해 관련된 상황을 가작하며 상상놀이를 하거나, 넘기와 기어가기 등의 이동 동작을 수행하며 신체활동을 즐겼다.

"거미가 따라오고 있어,
들키지 않게 살금살금 기어가자!"

"램프길 끝에 왕거미의 집이 있어, 도망쳐!"

도움을 받아 높은 줄을 ▷
넘는 영아

- 신체〉운동기능〉대·소근육 통제와 협응: 거미줄을 통과하며 기어가기, 넘어가기 등의 이동 동작을 연습한다.
- 신체〉운동기능〉감각과 신체인식: 거미줄을 통과하며 자기 신체의 모양과 범위를 인식한다.
- 예술〉예술활동에서 창의성: 놀이에 필요한 사물, 상황, 언어, 동작 등을 가작한다.

탐구 결과의 활용

# 05 놀이하기, 관리하기

**교**사는 유아가 놀이터의 이용자이면서 동시에 관리자임을 상기시키고, 보수가 필요한 부분이 있는지 지속적으로 점검하고 일과 중 직접 고치도록 하였다. 또한 유아가 직접 이용하면서 더욱 재미있게 놀이할 수 있는 방법을 추가로 제시하면 교사는 이를 수용하고 필요한 자료 및 도움을 제공하였다. 이러한 과정을 통해 줄에 방울을 달아 거미줄의 '감지 효과'가 커지게 하는 방법과 거미 찾기(특정한 거미, 또는 많은 수의 거미 찾기), 노래를 부르며 램프길 올라가기, 손전등 이용하기 등의 활용 방안이 추가되었다.

**교**사는 놀이터 제작 과정과 놀이 방법, 교육적 가치를 담은 게시물을 비치해 등 · 하원시 자녀와 지하 램프길을 이용하는 학부모도 해당 공간의 기능을 이해하고 놀이를 촉진할 수 있도록 하였다.

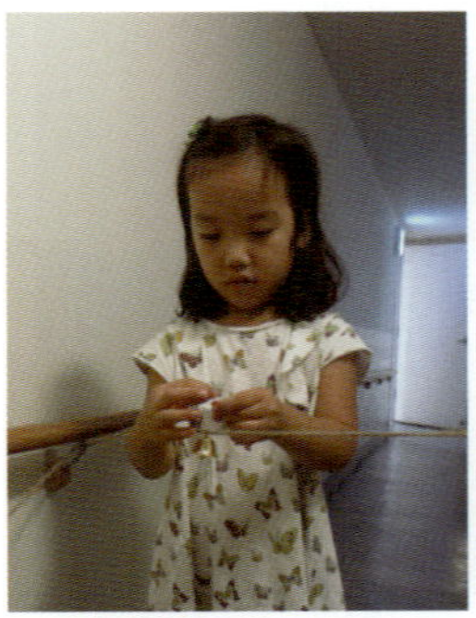

△ 줄에 방울 달기

△ 손전등 이용하기

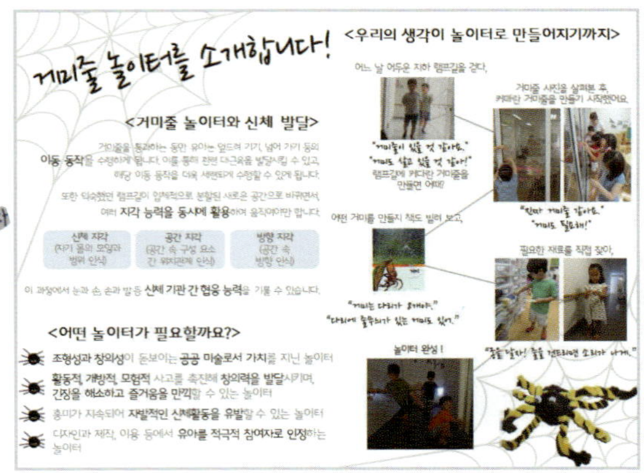


- 사회〉공동체에서 역할 수행: 공유 공간을 관리하는 역할을 이해하고 수행한다.
- 인지〉학습성향〉문제해결에 필요한 창의력: 거미줄 놀이터를 더욱 재미있게 만들기 위해 다양한 요소를 고안한다.

# 무지개 놀이터

만 4세

| | |
|---|---|
| **관심의 시작** | 문제 인식 |
| **탐구** | 문제해결 방안 찾기 |
| **탐구의 적용** | 놀이터 설계하기<br>놀이터 구성하기 |
| **탐구 결과의 활용** | 무지개 놀이터에 대해 형님과 동생에게 알리기<br>놀이터 홍보 자료 제작 배포하기 |

관심의 시작

# 01 문제 인식

"친구와 다시 만나니 즐거웠어요."
"은솔반에는 다른 놀잇감도 있고, 새로운 놀이를 할 수도 있어요."

"그런데 은솔반과 새솔반이 멀어서 왔다 갔다 하기 불편했어요."
"교실에 사람이 너무 많아요. 시끄럽고 자꾸 부딪혀요."
"친구들이 너무 많아서 놀잇감을 다 쓰고 있어서 쓸 놀잇감이 없었어요."

**무**지개 놀이터 프로젝트는 만 4세로 진급하면서 친한 친구와 다른 학급에 배정된 유아의 아쉬움에서 시작되었다. 이화어린이연구원에는 만 4세 학급인 새솔반과 은솔반이 있는데 새솔반에 배정된 한 유아가 은솔반에 배정된 친구와 놀고 싶어했다.

**다**른 학급에 배정된 친구와 놀고 싶어하는 유아를 위해 두 학급의 교사는 협의를 통해 일과 중 두 학급이 함께 놀이할 수 있는 시간을 계획했다. 두 학급이 서로의 교실을 오가며 놀이한 후 함께 놀아본 소감을 들어보고 앞으로의 일과 운영과 놀이 계획에 반영하기로 했다.

**교**사는 두 학급이 함께 놀이했을 때의 좋은 점과 불편한 점에 대해 유아와 이야기를 나누고 불편한 점을 해결하는 방법을 찾고자 했다. 유아가 이야기한 불편한 점은 다음과 같다.

- 두 반이 한 교실에서 놀이하니 공간이 비좁다.
- 놀잇감이 부족하여 놀이하기 어렵다.
- 사람이 많아서 자꾸 부딪치고 시끄럽다.

**유**아는 불편한 점만 이야기할 뿐 해결 방안은 구체적으로 제시하지 못했다. 교사는 복도나 데크 등의 공간을 놀이 공간으로 활용할 수 있다는 것에 착안하여 유아가 교실 외 공간에 관심을 가지도록 아이디어를 주었다.

- 인지〉학습성향〉문제해결에 필요한 창의력: 문제해결의 첫 단계로 문제 상황을 인식한다.

탐구

# 02 문제해결 방안 찾기

**유**아가 언급한 불편 사항은 한 반에서 다른 반으로 이동할 때 복도로 가면 멀다는 것이었다.

◁ 도움 요청하기

통로 재료 찾기 ▷

**교**사는 복도를 이용하지 않고 서로의 학급으로 가는 방법을 찾도록 권유했고, 유아는 두 학급 밖에 있는 데크로 이동하면 더 빠를 것이라 생각했다. 좋은 생각이지만 밖으로 나가서 다른 학급으로 가려면 신발을 신어야 하므로 더 불편하다는 의견이 이어서 나왔다. 이런 불편을 해결할 수 있는 방안으로 4가지 의견이 나왔고, 각 의견이 실현 가능한지를 살펴보았다.

1) 두 반 사이에 미끄럼틀 두기: 재미있지만 돌아올 때 사용할 수 없고 그런 미끄럼틀은 없음
2) 유니트 블록을 이용하여 길 만들기: 유니트 블록이 너무 좁아서 걸어가기 힘들고 놀잇감이 부족해짐
3) 딱딱한 상자로 연결해서 길 만들기: 상자가 무너질 수 있고, 물에 젖으면 찢어짐
4) 깨끗한 발판 놓기: 발판을 구해야 함

**각** 의견의 실현 가능성을 검토한 후 깨끗한 발판을 놓기로 결정하고 기관 내의 관리 담당자에게 도움을 요청하기로 했다.

- 인지〉학습성향〉문제해결에 필요한 창의력: 놀이 상황에서 발생하는 문제의 다양한 해결 방안을 생각한다.
- 인지〉수학〉측정: 비측정 단위를 사용하여 거리를 잰다.

## 탐구 02 문제해결 방안 찾기

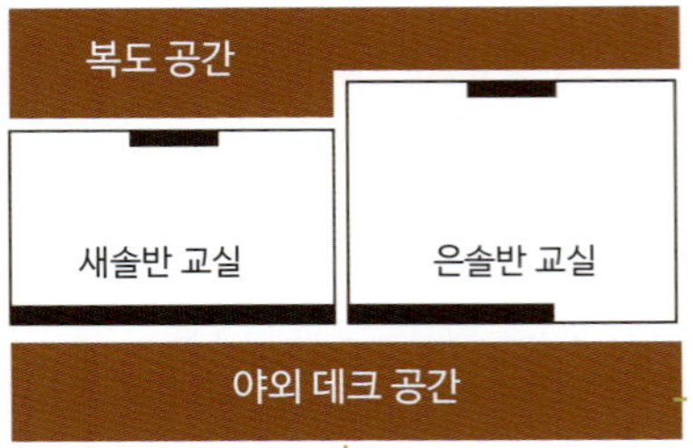


"우리들 교실은 발판 11개만큼 멀구나."

"걸으면 25걸음인데, 뛰면 19걸음이다."

데크의 거리를 가늠하는 유아 ▷

"신발을 신고 가려면 불편하니까 맨발로 다니는 길을 만들자!"
"여기서부터 시작하면 될까?"
"몇 개나 필요할까?"

◁ 발판 시작 위치를 정하는 유아

관리 담당자에게 받은 발판을 유아가 함께 데크에 배치하였다.

교사와 유아는 발판을 데크로 가져와 몇 개가 필요한지, 너비가 적당한지 살펴보기 시작했다.

발판을 설치하는 과정에서 유아는 자연스럽게 교실 간 거리를 발판의 개수로 가늠하며 측정하기 시작했다. 교사는 거리를 여러 가지 비측정 단위로 재어볼 수 있음에 대해 이야기하고, 발판뿐만 아니라 유아의 발걸음 수, 교사의 발걸음 수를 단위로 다양하게 거리를 측정해 보았다.

유아는 거리를 재기 위해 사용하는 사물이 달라짐에 따라 같은 거리를 다양하게 표현할 수 있음에 즐거움을 느끼며 활동에 참여했다.

- 인지〉학습성향〉문제해결에 필요한 창의력: 놀이 상황에서 발생하는 문제의 다양한 해결 방안을 생각한다.
- 인지〉수학〉측정: 비측정 단위를 사용하여 거리를 잰다.

탐구

# 02 문제해결 방안 찾기

△ 발판으로 만든 길을 통해 이동하기

△ 발판으로 만든 길에서 놀이하는 유아

"데크에 길이 생기니까 좋아요. 그런데 많은 친구들이 왔다 갔다 하니까 좁고 불편했어요."

"은솔반에서 다 같이 놀이하고 싶은데 좀 좁아요."

"밖에도 놀잇감을 놓으면 어때요."

**유**아는 데크 통로에 발판을 설치한 후 두 학급 사이의 길을 오고 가는 것 자체를 즐겼고 오가는 과정에서 다양한 놀이를 하기 시작했다. 통로 위에서 친구를 만나면 가위바위보를 하거나, 개구리처럼 뜀뛰기를 하며 이동하기도 했다. 또한 두 학급 사이의 이동 거리가 짧아지면서 두 반의 놀이 교류가 더욱 활발해졌다.

**하**지만 여전히 한 교실에 유아가 몰리면 공간이 비좁고 놀잇감이 부족해지는 불편함이 남아 있었다.

**교**사는 한 유아가 밖에다 놀잇감을 두면 어떨지 제안한 것을 듣고 밖은 연구원 어린이가 다 함께 사용하는 공간이므로 허락을 받아야 한다고 알려주었다. 유아는 원감 선생님을 만나 왜 공간이 필요한지에 대해 설명하고 허락을 요청하였다. 허락을 받은 후 유아와 교사는 데크에 놀잇감을 두고 놀이터로 꾸미기로 했다.

• 인지〉학습성향〉주도성: 주도적으로 놀이 환경을 구성하고 아이디어를 제시한다.

탐구의 적용

# 03 놀이터 설계하기

**데**크 공간을 확장하여 놀이터를 구성하기로 결정한 후, 유아는 놀이터를 어떻게 만들지 생각해 오기로 했다.

**주**말을 지낸 후 발표한 유아의 의견을 기초로 커다란 종이에 놀이터에 필요한 공간을 배치해 보았다. 유아가 처음에 제안한 놀이 공간은 다음과 같았다.

- 책을 보는 공간
- 쉴 수 있는 공간
- 모래놀이 공간

**그** 중 재료의 유실이 큰 모래놀이 대신에 다른 놀이를 할 수 있는 공간으로 바꾸었으며, 공간을 실제로 구성하기 전에 종이에 설계도를 그려 보았다.

△ 놀이터 설계도

"여기가 사람이 지나가는 곳인데 이쪽으로는 못 나가."

"이쪽에도 길이 있어."

"텐트는 여기 놓을까?"

"여기에 카펫을 놓고 책 보는 곳으로 해요."

**종**이에 설계도를 그리면서 유아는 필요한 놀이 공간을 고려하여 대략적인 공간 배치를 해볼 수 있었다. 또한 친구와 함께 하는 작업인 만큼, 서로의 의견을 나누면서 모두가 동의하는 방향으로 의견을 조율해 나가는 모습을 볼 수 있었다. 그러던 중 유아와 교사는 평면 위에 입체 공간을 표현하는 것에 한계가 있음을 발견했다.

**유**아는 입체적인 모양을 표현하기 어려워 사물을 정면 위주로 그려 넣었고, 그 때문에 사물이 차지하는 공간이 명확하지 않아 정확하게 공간을 배치하는 것에 어려움을 겪었다.

**교**사는 종이 설계도를 참고로 하여 한정된 공간과 자료의 효율적인 활용을 연습할 수 있도록 설계 키트 만들기를 계획했다.

- 언어〉말하기〉어휘 · 문장: 협동 작품을 구성하며 자신의 의견을 적절한 문장을 사용하여 이야기한다.
  공간, 위치와 관련된 단어를 사용한다.
- 인지〉수학〉공간관계: 익숙한 공간을 평면 위에 구성한다.
- 인지〉수학〉범주화: 전체 공간의 크기를 고려하며 전체를 세부 공간으로 나누고 배치한다.
- 인지〉학습성향〉계획-실행-점검 능력: 사전 계획을 세우고 계획에 따라 활동한다.

탐구의 적용

# 03 놀이터 설계하기

유아와 교사가 종이 위에 그린 설계도를 바탕으로 입체 설계 키트를 구성하였다.

△ 설계 키트 만들기

유아는 먼저 놀이터 지도를 큰 종이에 그린 뒤, 놀잇감을 이리저리 올려보면서 필요한 공간을 적절하게 배치해 보았다. 그러면서 자연스럽게 가운데, 사이, 맨 위/아래 등 공간과 관련된 용어를 다양하게 사용하기도 했다.

필요한 공간을 모두 배치한 후, 완성된 설계 키트를 바탕으로 교사와 유아는 영역을 구성하고 필요한 놀잇감을 찾기로 했다.

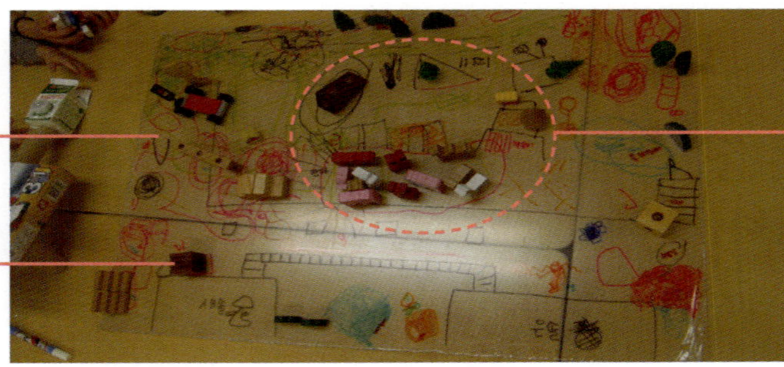


◁ 완성된 설계 키트

- 언어〉말하기〉어휘 · 문장: 협동 작품을 구성하며 자신의 의견을 적절한 문장을 사용하여 이야기한다.
  공간, 위치와 관련된 단어를 사용한다.
- 인지〉수학〉공간관계: 익숙한 공간을 평면 위에 구성한다.
- 인지〉수학〉범주화: 전체 공간의 크기를 고려하며 전체를 세부 공간으로 나누고 배치한다.
- 인지〉학습성향〉계획–실행–점검 능력: 사전 계획을 세우고 계획에 따라 활동한다.

탐구의 적용

# 03 놀이터 구성하기

△ 놀잇감 구하기(텐트)

△ 텐트 옮기기

**교**사는 유아가 물건을 찾을 때 자신의 의견에 적합한 근거를 찾고 다른 유아에게 동의를 구할 수 있도록 격려했다. 또한 유아가 직접 사용할 공간을 구성하는 데에 주도적으로 참여할 수 있도록 유아의 의견을 최대한 반영하여 공간 꾸미기를 진행하였다. 놀이 공간은 처음에는 놀잇감을 바깥으로 옮기고 사용하는 정도에서 점차 사방치기, 축구 게임 등 유아가 조사하여 설치한 다양한 놀이 체험 공간으로 바뀌었다. 유아와 교사는 놀이에 따라 공간 구성에 조금씩 변화를 주며 놀이가 활발하게 이루어지도록 했다.

**데**크 놀이터가 생긴 후 은솔반과 새솔반 유아는 서로의 반뿐만 아니라 데크 놀이터를 적극적으로 활용하며 놀이하였고, 이전과 달리 이동 시의 불편함이나, 놀잇감과 공간의 부족 등의 문제점이 해결되었다고 생각하였다.

**유**아는 소집단으로 나누어 지하 1층부터 지상 5층까지 다니며 필요한 물건을 찾아보았다. 찾은 물건은 교사가 기록으로 남긴 후 교실에서 토의를 통해 꼭 필요한 물건을 정했고, 그 후 데크로 가져와 놀이터를 구성하였다.

- 4층 아뜰리에에서 찾은 빨간 의자: 책 보는 곳에 필요함
- 4층 복도에서 찾은 소파: 책 보는 곳에 필요함
- 카펫: 텐트 바닥에 깔아서 휴식 공간을 넓힘
- 텐트: 의자 옆에 두고 휴식을 취할 때 필요함

△ 무지개 놀이터 전경 ▷

- 언어〉의사소통: 자신의 주장에 대해 상대방이 납득할 수 있는 근거를 찾아 적절한 문장으로 이야기한다.
  각자의 의견을 다수가 납득할 수 있는 방식으로 조정한다.

탐구의 적용

# 03 놀이터 구성하기

**유**아는 데크 공간에 필요한 물건을 가져갈 수 있도록 도움을 준 형님반을 초대해 데크 놀이터에서 함께 놀이했다. 그러나 놀이 공간에 처음 온 형님반 유아는 놀이 공간을 사용하는 방법에 대해서 알지 못했고 여러 문제점이 발생했다.

**교**사와 유아는 놀이터를 사용할 때의 규칙을 만들어 알리기로 하고 표지판을 제작했다. 또한 산책 시 데크에 무지개가 자주 생긴다는 점에 착안하여 놀이터 이름을 '무지개 놀이터'라고 정했다.

"형님들이 신발을 신고 놀이해서 바닥이 더러워요."
"어떤 형님은 자동차를 타고 카펫 위로 올라왔어."
"자꾸 장난을 쳐서 의자도 부서졌어요. 속상해요."

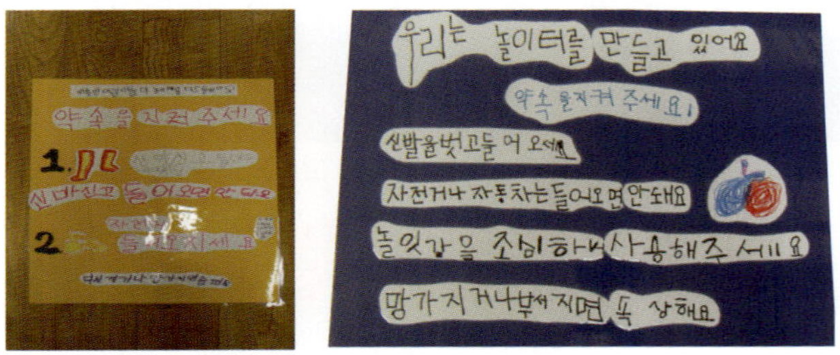


△ 놀이터에서 지켜야 할 약속

**교**사는 놀이하며 생긴 불편한 점을 해결할 수 있는 방안을 유아 스스로 생각해 보도록 지도했다. 교사는 유아에게 어떤 점이 불편했는지 이야기해 보도록 했고, 불편한 점을 해결하기 위한 방안을 하나하나 짚어나갔다.

**유**아는 토의를 통해 문제 상황에 대해 서로 공유하고 인식하게 되었으며, 문제 상황을 해결하기 위한 약속을 스스로 정하고 이를 알려야 할 필요성에 대해서도 인식하게 되었다.

- 언어>읽기>인쇄물 이해: 인쇄물(포스터)의 기능에 대해 알고 사용한다.
- 언어>말하기>어휘: 공간의 특성을 반영하는 단어를 사용하여 이름을 짓는다.
- 사회>공동체에서 역할 수행: 공동체 생활에 필요한 규칙을 만들고 지키며 놀이한다.

탐구 결과의 활용

# 04 무지개 놀이터에 대해 형님과 동생에게 알리기

**유**아는 무지개 놀이터에서 놀이하는 것을 즐겼다. 무지개 놀이터에서 할 수 있는 놀이가 확장되면서 이 공간을 소중하게 여겼고, 놀이터가 두 학급만의 놀이터가 아닌 기관 전체가 함께 놀이할 수 있는 공간이 되길 원했다. 이를 위해 무지개 놀이터가 완성됐음을 알리고 초대장을 보내기로 하고, 초대장을 만들어 형님반을 초대해 함께 놀이했다.

△ 초대장

△ 형님과 함께 축구 게임하기

△ 형님과 함께 고무줄놀이하기

**교**사는 유아가 무지개 놀이터를 기관의 모든 학급 영유아가 사용할 수 있게 하기 위해 다른 학급에 초대장을 전달하는 것을 지원했다. 무지개 놀이터에서 놀이하기 위해서는 일과 진행에 방해가 되지 않도록 다른 학급이 놀이할 수 있는 시간을 정해야 했고, 놀이터가 있는 장소에 대한 안내가 필요했다. 교사는 토의를 통해 유아가 초대장에 필요한 정보를 스스로 생각하고 제작해 보도록 안내했다.

- 사회〉사회적 관계: 다른 연령의 유아와 연계하여 놀이한다.
- 언어〉쓰기: 초대장에 포함되어야 하는 내용(대상, 장소, 시간 등)을 알고 목적에 맞게 쓴다.

## 탐구 결과의 활용

# 04 놀이터 홍보 자료 제작 배포하기

△ 유아가 제작한 안내문

△ 동영상 촬영 중인 유아

**형**님반을 초대해 함께 놀이한 후 유아는 다른 학급과도 놀이하기를 원했다. 하지만 모든 학급에 초대장을 보내기 어려워 토의를 거쳐 놀이터를 홍보할 영상을 만들기로 했다. 동영상에는 놀이터의 이름과 위치 및 이용 시간, 놀이터를 만든 유아의 사진과 놀이터에서 할 수 있는 놀이와 같은 정보를 담았다.

**동**영상의 효과로 무지개 놀이터는 각 학급의 교사 및 영유아에게 알려졌고, 이후 은솔반과 새솔반 뿐만 아니라 다양한 영유아의 놀이가 활발하게 이루어지는 공간이 되었다.

**교**사는 다양한 학급이 무지개 놀이터를 이용할 수 있도록 홍보 자료에 들어가야 할 정보에 대해 생각하고, 공간의 특성에 대해 소개하는 등 필요한 내용을 유아가 직접 생각하여 촬영, 제작하도록 지원했다. 홍보 자료를 연구원 현관의 전자 게시판에 게시한 후 다양한 유아가 무지개 놀이터에서 즐겁게 놀이하는 모습을 보며, 새솔반과 은솔반 유아는 자신들의 놀이와 놀이 공간을 스스로 구성한 것에 성취감을 느꼈고, 놀이에 참여하거나 공간을 가꾸는 일에 주도적인 모습을 보였다.

◁ 현관 화면에 동영상을 재생하여 홍보하기

- 언어〉읽기〉인쇄물 이해: 안내문의 기능과 목적에 대해 알고 사용한다.
- 사회〉공동체에서 역할 수행: 스스로 만든 공유 공간에 대해 책임감을 가지고 관리한다.

# 하늘 반짝 캠핑장

만 3세

| | | |
|---|---|---|
| **관심의 시작** | 연구원의 공유 공간 찾아보기 | |
| **탐구** | 건물의 층수에 대해 알아보기<br>공간의 특성 알아보기<br>만들고 싶은 공간 놀이해보기 | 공유 공간에 대해 알아보기<br>만들고 싶은 공간<br>공간을 구성하는 데 필요한 것 |
| **탐구의 확장** | 교실에서 캠핑놀이하기 | 여러 가지 상황 상상하기 |
| **탐구의 적용** | 캠핑장에 필요한 것 꾸미기<br>공유 공간 구성하기<br>놀이 방법 안내하기 | 그림자 탐색하기<br>캠핑 놀이터 이름 정하기 |
| **탐구 결과의 활용** | 다양한 연령의 놀이 | |

관심의 시작

# 01 연구원의 공유 공간 찾아보기

**교**사는 유아 스스로 공유 공간을 '놀이 공간'으로 구성하게 해보려는 의도를 가지고 공유 공간을 살펴보았다. 먼저 기존에 있는 공유 공간을 알아보기 위해 연구원이 몇 층으로 되어 있는지를 알아본 결과 유아는 옥상이 있는 5층을 꼭대기 층, 강당이 있는 지하 1층을 맨 아래층으로 인식하고 있었다. 유아들과 함께 연구원 구조도를 보며 지하 1층부터 5층까지 숫자를 세어 연구원의 전체 층이 6개임을 추가적으로 알아보았으나, 유아는 연구원이 전부 다 합해 몇 개 층이냐는 질문에 5층이라고 답했다.

**교**사는 유아에게 '지하'의 개념, 즉 지면을 기준으로 하여 다시 확장되기 시작하는 공간 개념을 인식하도록 하기 위해 각 층의 숫자가 명시되어 있고 밖의 풍경을 통해 지상/ 지하를 구분할 수 있는 램프길을 이용해 공유 공간을 찾아보는 활동을 진행했다.

- 사회〉사회과 지식〉지리적 지식: 내가 속해 있는 공간에 관심을 갖는다.
- 인지〉수학〉수와 연산: 마지막으로 센 숫자가 전체 숫자임을 이해한다.
- 언어〉의사소통: 상대방과 같은 주제로 이야기한다.

관심의 시작

# 01 연구원의 공유 공간 찾아보기

"선생님, 5층은 다섯 살이니까 다섯 살이면 5층이죠."

"4층은 이렇게나 높네!"

"여기(지하 1층)에 창문이 있으면 지렁이가 나타나지 않을까요?"

**유**아는 램프길을 따라 내려가면서 각 층에 들러 어떤 공유 공간이 있는지 살펴보았고, 지하 램프길에 창문이 없고 어두운 이유를 '땅 속'이기 때문이라고 이야기했다. 교사가 '지하'를 우리가 걸어 다니는 땅보다 더 아래로 내려 가는 것이라고 하자 주차장, ECC와 같이 지하에 대한 경험을 떠올렸다. 또 각 층을 손가락 수나 나이와 비교했다.

**교**사는 유아가 '지하'라는 공간에 대한 개념은 있으나 지하를 별도의 층으로 인식하고 있지 않음을 알게 되었다. 교사는 유아의 반응을 통해 유아가 가지고 있는 '지하'의 개념, 1~5까지의 숫자 인식, 수세기 개념을 파악할 수 있었다. 교사는 유아가 공유 공간을 알아봄과 동시에 지하 1층을 '층'으로 인식할 수 있도록 돕는 활동을 계획하였다.

- 인지〉학습성향〉관찰력: 공간을 살펴보고 특성을 파악하기 위해 주의를 기울인다.
- 언어〉말하기〉문장 및 문법: 지하의 특성을 이해하고 말로 표현한다.
- 언어〉의사소통: 상대방과 같은 주제로 이야기한다.

탐구

# 02 건물의 층수에 대해 알아보기

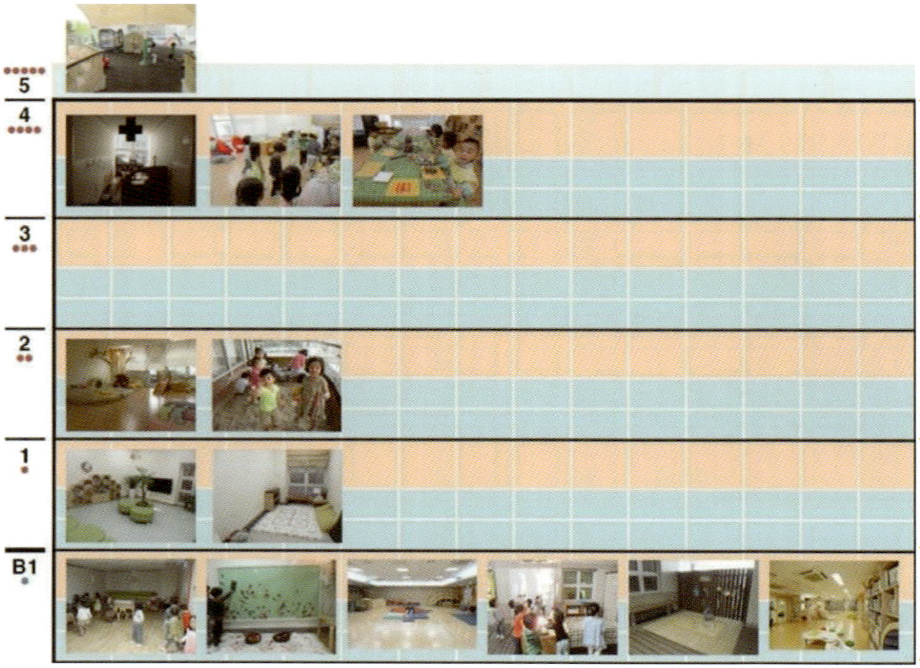


옥상 놀이터

책병원, 두근두근 변장실, 아뜰리에

유희실, 모래 놀이터

서가, 기도실

시청각실, 자석벽, 강당, 반짝이 불빛 놀이터, 소리 놀이터, 별관 도서관

**공**유 공간을 찾으며 찍었던 사진을 출력하여 자석을 부착한 뒤 활동에 사용하였던 연구원 그림과 함께 언어 영역에 제시하였다. 유아는 사진과 구조도를 보면서 지하인 공간은 숫자 앞에 B를 써서 지상인 공간과는 다르게 표시함을 알아보았다. 지하 1층 밑에 또 다른 층이 있다면 지하 2층(B2)이 된다는 것, 지하로 깊어질수록 층이 차례로 늘어간다는 사실을 알게 되었다. 연구원은 1~5층과 지하 1층을 합쳐 총 6층으로 이루어져 있음을 이해하게 되었다.

탐구

# 02 공유 공간에 대해 알아보기

△ 어떤 공유 공간이 어느 위치에 있는지 배치해보기

공유 공간 사진에 대해서도 처음에는 층과 관련 없이 무작위로 배치하였으나, 지켜보던 다른 유아가 "아니야. 이건 4층이잖아. 이건 지하 1층이야."라며 개입하여 사진을 위치에 맞게 재정렬하기 시작하면서 공유 공간의 위치에 대한 대화로 전환되었다.

교사는 유아가 공유 공간의 위치뿐 아니라 공간의 특성이 서로 다름을 이해할 수 있도록 질문을 던졌다. 교사와의 대화를 통해 유아의 이해하고 있다고 판단한 내용은 다음과 같다.

1) 이용 대상: 연구원에 다니는 어린이

2) 기능: 여러 가지 놀이

3) 특성: 구성에 따라 하는 놀이가 다름

"하지만 여긴 연구원에 다니지 않으면 들어올 수가 없잖아."
"여기(아틀리에)서는 미술, 블록놀이도 할 수 있어."
"유희실은 내가 4살 동생일 때는 갔었는데요, 지금은 형님이라서 안가요."
"두근두근 변장실에 공주드레스가 있어서 좋아."

건물의 층수와 각 층의 공유 공간을 알아보는 과정에서 지하에는 유난히 더 많은 공유 공간이 존재한다는 것을 알 수 있었다. 유아는 지하에서 할 수 있는 놀이에 관심을 가지기 시작했다.

- 인지〉수학〉공간관계, 도형: 연구원 내 공간의 위치, 특성, 기능 등 공간을 이해한다.
- 사회〉사회과 지식〉지리적 지식: 연구원 공유 공간의 위치를 2차원으로 표현한다.
- 언어〉의사소통: 공간의 특성에 대한 서로의 생각을 나눈다.

탐구

# 02 공간의 특성 알아보기

교사는 만 3세 학급이 관리하고 있는 '반짝이 불빛 놀이터'를 시작으로 지하에 있는 공유 공간의 특성(위치, 구성 등)을 자세히 알아보고 어떤 공간으로 바꾸어 나갈지 계획할 것을 제안하였다.

△ 잔디데크(손전등 빛 관찰)

△ 반짝이 불빛 놀이터

△ 시청각실

△ 자동차 놀이터

유아는 연구원의 지하 1층이 땅 속이지만 땅 바깥이기도 하다는 점에 흥미를 보였다. 공유 공간을 알아보는 활동을 '탐험'으로 생각하고 있는 유아는 손전등을 들고 지하 1층의 여러 공유 공간을 탐색했는데, 손전등 빛이 밝은 데서는 잘 보이지 않고 어두운 데서는 잘 보이는 것을 우연히 발견하게 되었다. 잔디밭에 나가 손전등 빛이 잘 보이는 곳을 찾아보았지만 어두운 그늘만큼 잘 보이지 않다는 사실도 알게 되었다. 유아는 지하에서도 밝은 곳과 어두운 곳에서 할 수 있는 놀이가 나뉜다는 사실을 알게 되었다.

1) 빛: 잔디데크에는 어두운 곳도 있고 밝은 곳도 있음, 밝은 곳에서는 뛰어 놀 수 있고 풀도 자라고 있음
2) 그림자: 어두운 곳에 빛을 비추면 그림자를 만들 수 있음, 밝은 곳에서는 햇빛이 그림자를 만들어 줌
3) 어둠: 밝은 곳에서는 빛을 비춰도 잘 보이지 않지만 어두운 곳에는 빛을 비추면 잘 보임
4) 모래, 돌: 잔디데크에는 모래나 돌로 놀이할 수 있는 곳이 있음(반짝이 불빛 놀이터, 잔디밭, 자연물 놀이터)

- 인지〉학습성향〉관찰력: 특정 공간의 여러 가지 특성을 자세히 관찰한다.
- 인지〉과학〉과학적 기술: 간단한 도구를 사용해 공간을 관찰하고 탐색한다.
- 언어〉의사소통: 이야기 나누기의 주제(즉, 지하 1층 공간의 특성)에 적합한 의견을 말한다.

탐구

# 02 만들고 싶은 공간

"동물! 동물을 기르는 거 하고 싶어요."
"페인트칠도 할 수 있었으면 좋겠어요."
"텐트 치고 노는 거 좋아해요."

**유**아는 공간의 특성에 대해서 알아보고 이해하였으나 기존에 있던 반짝이 불빛 놀이터를 대체할만한 새로운 공유 공간 아이디어를 이끌어내는 것에 어려움을 느꼈다.

**교**사는 유아에게 생각할 단서를 제공하기 위해 빛, 그림자, 어둠, 모래 등을 이용해 놀이할 수 있는 다양한 놀이터 사진을 보여주며 이야기를 나누었다. 교사가 제시한 놀이 외에도 다양한 아이디어가 나올 수 있도록 '하고 싶던 놀이', '좋아하는 놀이' 등에 대해서도 자유롭게 이야기 나누었다.

**보**여준 사진 중에 OHP를 이용한 인형극놀이와 캠핑놀이를 해보고 싶다는 의견이 가장 많았다. 인형극놀이는 기존의 불빛 놀이터에 대한 추가적 아이디어이고 캠핑놀이는 전혀 새로운 공간을 구성하는 아이디어이기 때문에 두 가지 안에 대한 조율이 어려워 놀이 공간을 만들 때 필요한 것을 생각해보고 결정하기로 했다.

- 사회〉사회과 지식〉지리적 지식: 다양한 놀이 공간에 관심을 보이고 특성을 이해한다.
- 사회〉사회적 관계: 또래, 교사와의 협력을 통해 의견을 모은다.
- 언어〉말하기〉문장 및 문법: 자신의 느낌과 생각을 이야기한다.

탐구

# 02 만들고 싶은 공간 놀이해보기

캠핑놀이에 대한 이야기를 나눈 후 교실 내에서도 다양한 캠핑놀이가 이루어지는 모습을 관찰할 수 있었다. 음식을 싸서 차에 싣고 캠핑을 떠나는 유아, 음악에 맞추어 춤을 추는 유아, 블록을 이용해 캠핑장과 돗자리를 만드는 유아 등 다양한 캠핑놀이의 양상이 나타났다.

실내 자유선택활동 중 캠핑놀이를 해보는 경험이 유아의 생각을 발전시키는 데 도움이 되리라 판단했다. 특히 유아가 쌓기놀이 영역, 역할놀이 영역, 미술영역 등 교실 전체의 놀잇감을 통합적으로 사용하고, 재활용품 등의 개방적 놀잇감을 활용하는 모습을 보며 교실 전체의 놀이로 확장할 수 있다고 생각했다.

- 사회〉사회적 관계: 또래와 함께 같은 주제(캠핑)로 놀이한다.
- 인지〉학습성향〉문제해결에 필요한 창의력: 개방적(용도를 변형시킬 수 있는) 놀잇감을 놀이에 다양하게 활용한다.

## 탐구 02 공간을 구성하는 데 필요한 것

**캠**핑에 대한 직·간접적인 경험을 놀이로 표상하는 과정에서 산책, 소풍까지도 '캠핑'으로 뭉뚱그려져 나타났다.

△ 캠핑놀이에 재활용품(양념통, 아이스팩, 상자, 음료수통 등)을 사용할 수 있는 방법 함께 생각해 보기

"텐트! 밥은 캠핑 가면은 텐트에서 먹어요. 냄비를 가져와서."
"어두울 땐 별이랑 달님이 필요해."
"수영할 때 쓰는 튜브 그리고 팔에 끼는!"
"매운 김치 그리고 안 매운 김치, 그릇도 필요해."
"집에 있는 거 다 가지고 가야 해요."
"밤이 되면 전등이 필요해. 밥은 식당에서도 할 수 있지만 텐트를 두고 갈 수는 없잖아. 다른 사람이 가져갈 수도 있잖아."

**교**사는 캠핑에 대해 좀 더 알아보고 필요한 물건을 생각해 본다면 캠핑놀이가 좀 더 구체화될 수 있을 것이라 예상했다. 캠핑은 시간대나 장소, 계절에 따라 그 준비물과 모습이 변화하기 때문에 다양한 장소와 시간대의 캠핑 사진을 유아와 함께 보며 캠핑놀이에 필요한 것과 할 수 있는 놀이를 생각해 보았다.

**유**아는 다양한 상황의 변화보다는 캠핑에 필요한 보편적인 준비물에 더 주목하였다. 교사는 유아의 의견을 반영하여 1) 밖에서 잘 때 필요한 것, 2) 밖에서 놀이할 때 필요한 것, 3) 밖에서 밥을 먹을 때 필요한 것으로 나누어 이야기를 나누었다.

- 인지〉학습성향〉주도성: 공간 구성을 위해 필요한 정보를 주도적으로 탐색한다.
- 인지〉학습 성향〉계획-실행-점검 능력: 캠핑놀이를 위해 놀이에 필요한 자료를 계획하고 실행한다.
- 언어〉의사소통: 이야기 나누기의 주제(즉, 캠핑놀이를 하는 데 필요한 것)에 적합한 의견을 말한다.

탐구의 확장

# 03 교실에서 캠핑놀이하기

"빨간색은 고추장이야. 빨간색 고추장 블록을 담아."
"고기가 다 타겠어. 새까매졌네!"

"야채를 구울 거야."
"배달해줄게."

"물고기를 구워 먹자. 내가 잡을게."
"나도 잡고 싶어. 잠깐만, 어, 잡았다!"

**유**아는 자신이 캠핑놀이에 필요하다고 이야기했던 재활용품(고추장통, 아이스팩)을 직접 가져와 놀이에 활용했다. 놀이를 하면서 고기나 생선을 구울 수 있는 그릴, 집게가 필요해지자 교사에게 요청하여 놀잇감을 추가하기도 했다. 종이벽돌 블록을 활용해 불판 받침, 장작, 연못을 만들어내는 등 새로운 소품, 기존 놀잇감, 재활용품을 활용하여 교실 전체에서 활발히 캠핑놀이를 했다.

- 인지〉학습성향〉주도성: 경험을 통해 얻은 지식을 놀이를 통해 표상한다.
- 사회〉사회적 관계: 같은 주제(캠핑)로 또래와 놀이한다.
- 인지〉학습성향〉문제해결에 필요한 창의력: (용도를 변형시킬 수 있는) 놀잇감을 놀이에 다양하게 활용한다.

탐구의 확장

# 03 여러 가지 상황 상상하기

"텐트에 달린 연이 나무에 걸렸어."
"사다리가 있어야 돼!"
"내가 사다리 만들었어, 올라가."

"나는 공룡 발톱이 나타날까봐 무서워."
"나는 혼자 있는 게 무서워."
"캄캄한 밤도 너무 무서운데."

"밖이 어두워. 밤이라서 무섭다."
"나는 이제 무섭지 않아, 정말!"

**교**사는 유아가 놀이 중 표상하는 상황이나 감정을 다른 사람과 공유하며 동화, 노래, 율동 등으로 표현해 볼 수 있는 활동을 계획했다. 노래 '무섭지 않아', '신나는 캠프', 동화 '캠핑이 좋아요' 등의 활동을 통해 유아는 캠핑놀이를 할 때의 기분을 공유하고 다양한 상황을 상상하며 놀이에 적용해 볼 수 있었다.

**캠**핑놀이가 진행됨에 따라 유아가 놀이 중 설정하는 상황이 점차 구체화되는 것을 발견하였다.

**유**아는 야외에서 보내는 밤에 대해 막연한 호기심과 두려움을 가지고 있어, '무서운 것'에 대해 이야기를 나눌 때 더욱 몰입하는 모습을 보였다. '무섭지 않아'의 가사에 '괴물의 발톱', '공룡', '혼자 있는 것' 등 유아가 무서워하는 것을 넣어 노래를 불렀다. 동화의 내용을 그대로 놀이로 재현하기도 했다.

- 언어〉의사소통: 상대방과 같은 주제로 이야기한다.
- 정서〉감정 인식: 자신과 타인의 정서를 인식하고 공감한다.
- 예술〉예술활동 참여: 자신의 감정을 노래와 율동으로 표현하는 과정에 즐겁게 참여한다.

## 탐구의 확장

# 03 여러 가지 상황 상상하기

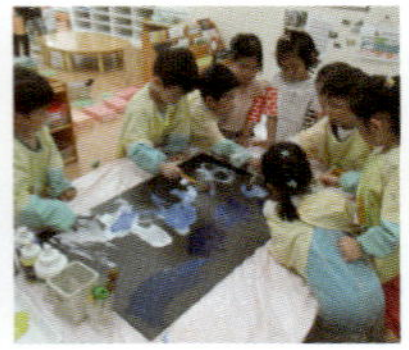

"그림 속에 별이랑 달이랑 땅이랑 섬이랑 파도(별빛이 휘몰아치는 모습)가 있어요."
"반짝거리지만 조금 무섭기도 해요."
"신기한 느낌이에요. 별빛이 만났어요."

△ 고흐의 그림에서 밤하늘 색(검정색, 흰색, 남색, 노란색) 찾기, 검정 폼보드에 아크릴 물감으로 칠하고 노란 색모래로 별빛 표현하기

**낮**잠을 잘 때 번갈아 텐트 안에서 자던 유아는 먹구름이 낀 어느 날 유난히 어두워진 실내에서 낮잠을 청하며 "캠프 하는데 밤이 되면 무섭겠다."라고 이야기했다.

**교**사는 캠핑을 하려면 별이 필요하다고 유아가 이야기했던 것에 착안하여 별이 가득한 밤하늘 아래 캠핑하는 기분은 어떨지 느껴보기로 했다. 낮잠을 위해 조명을 끄고 햇빛을 차단한 상태를 '밤이 되었다'고 상상하며 교실 내에 빔 프로젝터를 이용해 고흐의 '별이 빛나는 밤에'를 감상하는 시간을 가졌다. 그림 속 별들이 밤하늘에 떠서 반짝거리는 느낌을 조금 더 생생하게 전달하기 위해 그림 속 별빛이 움직이도록 만든 영상을 보며 이야기를 나누었다.

**유**아는 캠핑장에 반짝이는 밤하늘을 놓아두기 위해 고흐의 그림을 보며 밤하늘을 그렸다. 처음에 유아는 무조건 물감을 넓게 펴 바르는 것을 즐거워하다가 점차 흰색이 많아지자 "자꾸 이러면 낮이 돼!"라며 밤하늘의 모습이 되려면 어떻게 칠해야 할지 스스로 고민했다. 어두운 색을 넓게 칠한 뒤 그 위에 흰색, 노란색으로 점을 찍어 별빛을 표현하는 것으로 방법을 바꾸어 그림을 완성했다.

- 예술〉예술활동에서 창의성: 밤하늘의 미술적 요소를 탐색한다.
  밤하늘의 색을 인지하고 창의적으로 표현한다.
- 사회〉사회적 관계: 협동적인 미술활동에 참여하여 즐긴다.

탐구의 적용

# 04 캠핑장에 필요한 것 꾸미기

**고**흐의 그림을 감상하고 그린 후 캠핑놀이에 필요한 것을 직접 그리거나 만드는 유아가 늘어났다. 유아는 고흐의 그림처럼 반짝반짝 빛나는 별을 캠핑장에 꾸미고 싶어 했다. 교사의 도움을 받아 별을 그리고 자른 뒤 스스로 채색했다. 캠핑장에 있는 흙이나 물을 표현하기 위해 물감 색을 고르고 큰 종이를 색칠하기도 했다. 밤하늘, 땅, 물, 별을 캠핑장의 어느 곳에 놓아야 놀이할 때 불편하지 않고 잘 활용할 수 있을지 생각하면서 만든 작품을 배치했다.

**밤**하늘을 그리며 유아는 '밤이 되면 어두워지기 때문에 밝은 별이 많이 필요하다'고 이야기했다. 유아는 어두움을 두려움, 괴물의 상징으로 인식하고 있었다. 캠핑장을 꾸며본 뒤 유아의 관심이 점차 어둠, 빛, 그림자로 옮겨졌다. 텐트 천을 통해 보이는 다른 유아의 큰 그림자를 보고 괴물놀이를 하거나 다양한 그림자 모양을 만들어내는 데 흥미를 보였다.

**교**사는 유아가 꾸미고 싶어 하는 캠핑장을 꾸밀 수 있는 방법, 재료, 배치할 수 있는 공간에 대한 아이디어를 함께 이야기했다.

**유**아의 관심이 확장됨을 보고 교사는 캠핑놀이와 병행하여 다양하게 그림자를 탐색해 볼 수 있는 환경을 교실 내에 제공하기로 계획했다.

- 예술〉예술활동에서 창의성: 미술활동을 통해 공간을 구성한다.
- 사회〉사회과 지식〉사회 · 심리적 지식: 다른 사람의 편리를 고려하여 공간을 구성한다.

탐구의 적용

# 04 그림자 탐색하기

"이 그림자가 누구 걸까?"
"우리가 한 줄로 서면 그림자가 하나가 돼."
"내 머리카락이 흔들리고 있어요."
"으악, 나는 괴물이지!"
"(그늘로 들어가서) 난 그림자 없어졌다!"

텃밭에 물을 주러 왔던 유아가 잔디데크에 생긴 자신의 그림자를 발견했다. 유아는 그림자도 어둠이라는 사실을 발견하고 어두운 그림자가 괴물처럼 보인다고 이야기했다.

"그림자랑 몸이랑 모양이 똑같아요."
"그림자를 보다가 뒤를 보면 햇빛이 있었어요."
"헤드라이트에도 빛이 나와요."
"램프길에도 빛이 나오네."
"봐요, 여기 그림자가 생겼어요."

교사는 유아가 크기가 다른 그림자뿐만 아니라 신체의 형태, 사물의 형태를 이용해 다양한 그림자를 만들어볼 수 있도록 손가락 그림자 동화와 OHP 동화를 들려주었다. 동화의 내용을 회상하면서 손으로 그림자 모양을 만드는 모습을 통해 유아가 그림자가 만들어진 원리를 이해했다는 것을 알 수 있었다.

동화를 들으면서 색이 있는 그림자는 어떻게 만든 것인지 궁금해하는 유아가 생겼다. 교사는 유아가 색이 있는 그림자를 만들어 볼 수 있도록 여러 가지 모양으로 구멍 뚫린 종이와 셀로판지를 제시하였다.

- 신체〉신체적 안녕〉신체활동 참여: 내 몸의 움직임에 따라 변화하는 그림자를 탐색한다.
- 인지〉과학〉지구과학: 그림자가 생기는 원리를 안다.

탐구의 적용

# 04 그림자 탐색하기

## 우연한 발견 1

**유**아는 '무지개색'을 만들고 싶다고 이야기하며 프로젝터 앞에 셀로판지를 일렬로 나열하다가 빛을 비추는 부분의 색만 벽면에 나타나게 된다는 것을 알아냈다. 여러 색의 셀로판지를 모두 모아 빛이 나오는 부분 앞에 놓았으나 여러 색이 합쳐져 벽면에 아무 색도 비추지 않게 되자, 빛이 나오는 렌즈의 크기에 맞게 셀로판지를 나란히 배치했다.

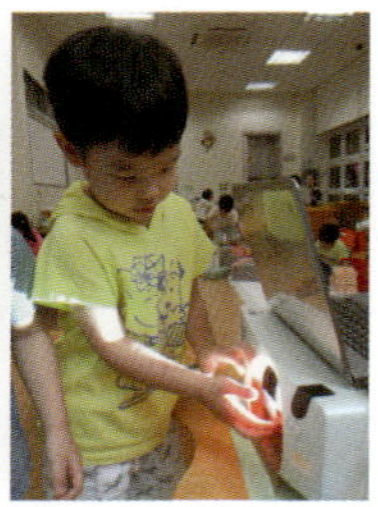

## 우연한 발견 2

**빔** 프로젝터에 빨간 시트지를 대어보며 왜 빨간색 그림자가 생기지 않는지 의문이 생겼다. 교사는 색깔 그림자를 만들 때 썼던 붉은 셀로판지와 시트지의 다른 점을 유아와 함께 탐색했다. 유아는 투명한 셀로판지를 빛 앞에 대었을 때 빨간색 그림자가 생기는 것을 발견했다.

- 인지〉과학〉과학적 기술: 색이 있는 그림자를 만든다.
- 예술〉예술활동에서 창의성: 여러 가지 색의 혼합을 활용한다.

탐구의 적용

# 04 그림자 탐색하기

## 하늘반에서 관찰된 여러 가지 그림자놀이

- OHP 필름에 종이를 붙여 여러 가지 그림자 한꺼번에 만들기
- OHP 필름에 원하는 모양 종이를 붙인 후 배경 색칠하기
- 색칠한 OHP 필름을 배경으로 하고 블록을 활용해 그림자 만들기
- 색칠한 OHP 필름에 그림을 추가하여 극적 상상력 가미하기

**캠**핑놀이의 '어두운 밤'에 대한 관심이 그림자로 확장되자 그림자를 활용한 다양한 배경 설정이 놀이에 활용되었다. 그림자를 이용한 극놀이도 활발하게 이루어지기 시작했다.

△ 푸른 바다 속에 레고 잠수함이 떠다니는 놀이/ 빨갛게 불이 난 배경을 만들어 불을 끄는 놀이

△ 바닷속에 상어가 나타난 상황을 설정함/ 기계 앞에 배경을 붙여 고정함

△ 손 그림자를 이용한 극놀이/ 그림자의 형태만 겹쳐지도록 조절하여 실제로 손이 닿지는 않음

- 인지〉과학〉과학적 기술: 여러 가지 재료를 활용하여 그림자를 만든다.
- 예술〉예술활동에서 창의성: 그림자를 극놀이에 창의적으로 활용한다.

탐구의 적용

# 04 공유 공간 구성하기

**교**사는 교실에서 사용하던 물건들 중 외부에 놓아 두기 부적합한 물건을 분류한 뒤 대체할 물건을 제공했다.

**유**아는 교실에 만든 멋진 캠핑 놀이터를 다른 반 유아들에게 보여주고 싶어 했다. 옆 반을 초대해 함께 놀이한 뒤에는 더 많은 연구원 형님과 동생들이 함께 캠핑놀이를 했으면 좋겠다는 생각을 가졌다. 유아는 캠핑놀이를 함께 할 수 있는 방법으로 1) 하늘반으로 초대하기, 2) 캠핑 놀이터 옮기기를 떠올렸다. '하늘반으로 초대하기'는 우리가 생활하는 공간이라는 점, 한 번에 많은 수의 유아를 초대할 수 없다는 점이 있어 연구원의 모든 어린이가 쉽게 이용할 수 있도록 캠핑 놀이터를 지하 1층으로 옮기기로 했다.

**유**아는 캠핑장을 꾸미는 활동에 적극적이고 능동적으로 참여하였다. 텐트를 지하로 옮기기 위해 기존의 공유 공간에 놓여진 놀잇감을 정리하고 교실 내의 캠핑놀이 영역을 정리했다. 텐트만 있는 공간에 놀잇감을 채우기 위해 그릴, 물통, 음식 모형, 그릇 등 필요한 물건을 옮겼고, 공유 공간에서 먼저 놀이해보며 놀잇감을 어디 두어야 놀이와 정리에 편리할지 생각해보고 비치했다.

- 사회>사회적 관계: 또래와 교사와의 협력을 통해 공간을 구성한다.
- 사회>사회과 지식>사회 · 심리적 지식: 다른 사람의 편리를 고려하여 공간을 구성한다.

탐구의 적용

# 04 캠핑 놀이터 이름 정하기

"(치과 진료를 받을 예정이던 유아) 착한 이 착한 이!"
"피피! 하늘반 물고기 이름이에요."
"아버지 할아버지 텐트!"

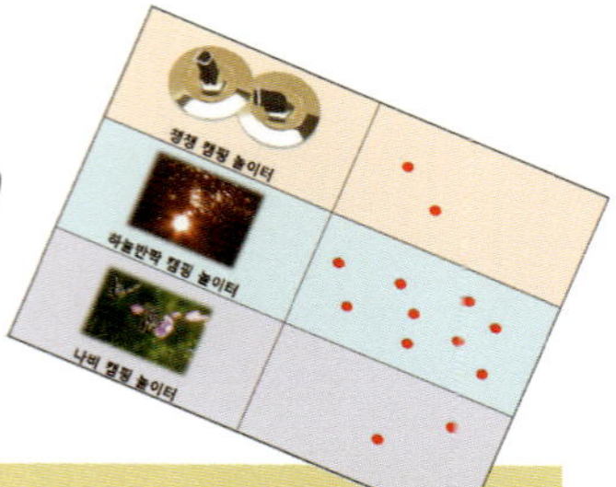

"챙챙! 텐트에서 소리 나는 놀이 했잖아."
"나비. 텐트 문이 나비 같아요."
"하늘 반짝! 반짝이랑 하늘이랑 합쳐요."

**연**구원의 다른 학급 유아가 캠핑 놀이터를 부를 수 있도록 이름을 짓기로 했다. 이름을 정할 때 유아는 평소 애완동물, 인형 이름을 지을 때처럼 자신의 관심사나 소리내기 예쁜 이름을 주로 제안했다.

**교**사는 공유 공간의 이름을 지을 때, 이름에 그 공간의 특성이 반영되도록 지원하고자 했다. 그래서 연구원의 다른 공유 공간의 이름을 예로 들면서 놀이터의 이름은 놀이터를 만든 사람, 놀이터에서 해봤던 놀이, 느꼈던 기분을 토대로 지을 수 있음을 알려주었다.

**하**늘병원은 작년에 하늘반이었던 형님들이 만들었기 때문에 '하늘병원'이 되었다는 이야기를 듣고 캠핑장에도 '하늘'이 들어갔으면 좋겠다고 의견을 제시했다. 각 공유 공간의 이름을 알아본 뒤 유아는 그동안 교실 안의 캠핑 놀이터에서 놀이했던 기억을 떠올렸다. 공간의 특성이나 놀이 내용을 반영한 이름 아이디어를 모은 뒤 투표를 진행했고, 어두운 밤에 캠핑하는 상상을 하며 놀이했던 것을 떠올린 이름인 '하늘 반짝 캠핑장'이 컴핑 놀이터 이름으로 선정되었다. 유아는 제목을 정하는 과정에서 다른 친구들의 생각을 주의 깊게 들었으며 제목을 선택할 때 신중한 모습을 보였다.

- 사회〉사회적 관계: 또래와 교사와의 협력을 통해 공간을 구성한다.
- 언어〉듣기: 다른 사람의 의견을 듣고 이해한다.

탐구의 적용

# 04 놀이 방법 안내하기

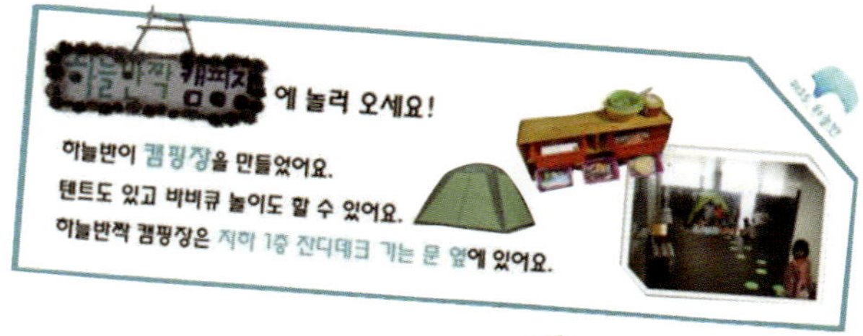


**캠**핑 놀이터 규칙을 정하면서 유아는 은솔극장(만 4세 은솔반이 만든 공유 공간)을 떠올리며 표를 받았으면 좋겠다고 이야기했다.

**교**사는 '표를 받는다'를 규칙을 만들었을 때 예상되는 결과를 유아와 함께 이야기 나누었다. 표를 만들게 되면 우리가 표를 받으러 가야 하기 때문에 정한 시간에만 캠핑장을 사용할 수 있다는 것임을 알리고 사용 시간을 정하는 것이 좋을지 또는 자유롭게 사용하는 것이 좋을지 의논했다. 사용 시간을 제한할 때의 장·단점을 알아볼 수도 있었지만 직접 경험해보지 않은 만 3세 유아가 이해하기 어려울 것이라고 판단하여 생략하였다.

**사**용 시간을 제한하고 싶은 유아와 자유롭게 사용하도록 하고 싶은 유아의 의견이 나뉘어, 교사가 표 대신 초대장을 만들어 나누어주는 절충안을 제안하였다. 형님·동생반에 방문해 초대장을 전달하고 동생반에게는 직접 정리하는 방법을 시범 보이기도 했다.

- 사회>사회과 지식>사회·심리적 지식: 선택적 규칙(표를 받는 것)에 대해 논의한다.
- 사회>사회적 관계: 동생의 능력을 고려하여 적절한 도움을 제공한다.
- 언어>의사소통: 또래, 교사와 상의하여 서로 다른 의견을 만족시킬 수 있는 절충안을 마련한다.

탐구의 적용

# 04 놀이 방법 안내하기

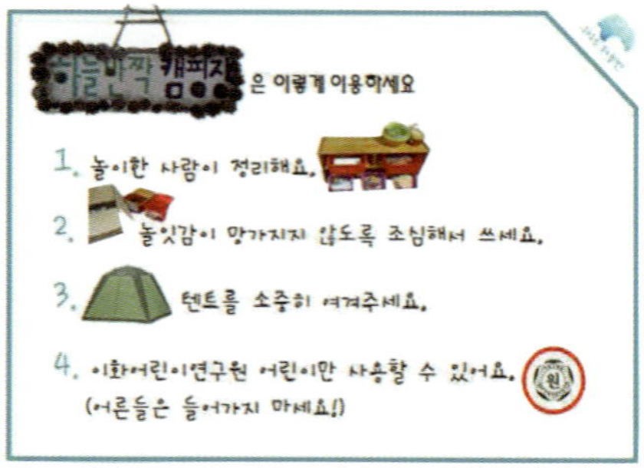


"규칙은 '지키는 거'야."
"빨간불일 때 멈추는 게 규칙이에요."
"동생들이 망가트리면 어쩌죠?"
"텐트를 망가트리지 않았으면 좋겠어요."

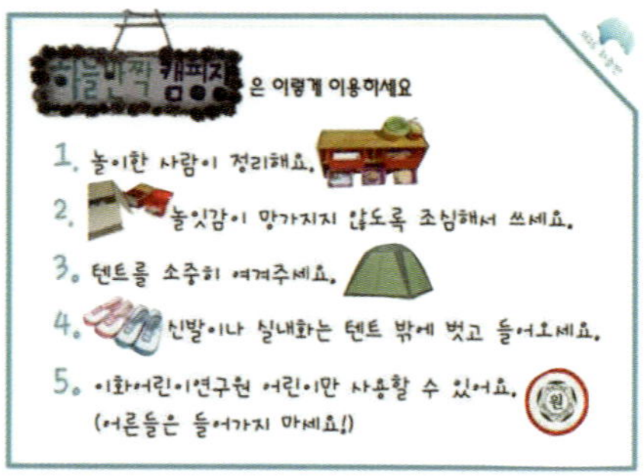


교사는 캠핑 놀이터를 이용하는 사람이 모두 즐겁게 놀이하기 위해 필요한 규칙, 다른 사람을 배려하기 위한 규칙을 만드는 데 중점을 두어 상호작용하였다.

캠핑 놀이터를 사용한 다른 학급에서 1) 신발을 신고 들어갈 수 있는지, 2) 정리 · 정돈은 어떻게 해야 하는지를 물어보아서 규칙을 추가하여 제시하였다.

- 사회〉사회과 지식〉사회 · 심리적 지식: 캠핑놀이를 할 때 필요한 규칙을 생각한다.
- 사회〉사회적 관계: 다른 사람의 필요를 인식하고 적절한 도움을 제공한다.
- 언어〉말하기〉문장 및 문법: 필요하다고 생각하는 규칙과 이유를 말한다.

탐구 결과의 활용

# 05 다양한 연령의 놀이

**잔**디데크를 이용하는 시간에 다양한 연령의 영유아가 놀이하였으며, 이전보다 해당 공유 공간이 더 활발하게 활용되었다.

• 사회〉사회적 관계: 친구와 협동하여 놀이한다.
동생의 능력을 고려하여 적절한 도움을 제공한다.

# 데굴데굴 놀이터

만 2세

| | | |
|---|---|---|
| ▎관심의 시작 | 주변에서 볼 수 있는 경사로 | |
| ▎탐구 | 경사로의 특성 탐색하기 | |
| ▎탐구의 확장 | 경사로에서 놀잇감 굴리기 | |
| ▎탐구의 적용 | 데굴데굴 놀이터 만들기 | 데굴데굴 놀이터에서 놀이하기 |
| ▎탐구 결과의 활용 | 다양한 연령을 어우르는 놀이터 | |

관심의 시작

## 01 주변에서 볼 수 있는 경사로

△ 이화어린이연구원 내 램프길

△ 테라스 미끄럼틀

△ 경사로에 자동차 굴리기 놀잇감

이화어린이연구원에는 만 2세 영아가 쉽게 접할 수 있는 경사로가 많기 때문에 자연스럽게 경사로에 관심을 갖게 되었다.

교사는 영아의 경사로에 대한 지속적인 흥미를 관찰하여 다양한 종류의 경사로 교구를 제시했다. 고실 내 대근육 영역에 경사로 신체 매트를 설치했다.

• 인지〉학습성향〉주도성: 주변의 경사로에 호기심을 가진다.

탐구

# 02 경사로의 특성 탐색하기

"내려갈까?"

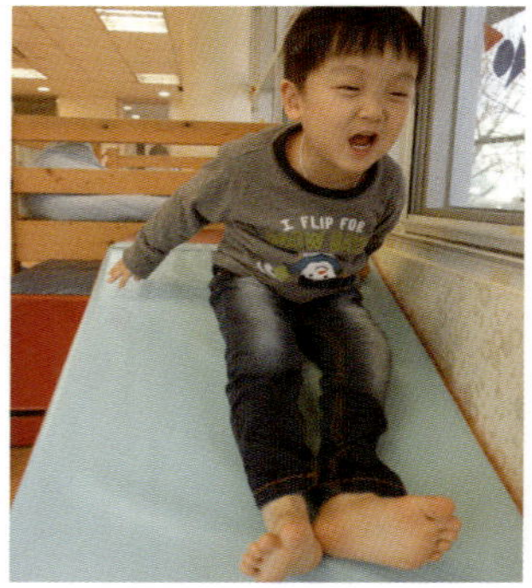

"슈웅! 내가 내려간다!"

"버스가 위로 올라 가."

**영**아는 경사로 신체 매트 위에 올라가 미끄럼을 타고 내려오며 직접 경사를 느껴보고, 자동차를 경사로 매트에 굴리며 경사로의 특성(경사로 위의 사물은 위에서 아래로 내려감)을 탐색했다.

**교**사는 영아나 자동차가 경사로를 내려갈 때 나타나는 모습을 그대로 읽어주었다(예 OO이가 미끄럼틀을 타고 위에서 밑으로 내려왔구나.). 교사는 영아나 자동차가 미끄러져 내려간 후 다른 사람과 부딪히지 않게 하려면 어떻게 조절해야 하는지 생각해 보게 했다.

- 인지〉과학〉물리과학: 경사로에서 사물은 위에서 아래로 내려간다는 것을 안다.
- 인지〉수학〉공간관계: 위치를 이해한다.
- 언어〉말하기〉어휘: 위치와 관련된 어휘를 사용한다.
- 신체〉신체적 안녕〉안전: 안전 관련 약속에 주의를 기울이고 지키는 노력을 한다.

## 탐구의 확장

# 03 경사로에 놀잇감 굴리기

"안 굴러가네."

"주스야~ 멀리멀리 굴러가."

"세우니까 굴러가네."

"애벌레가 엄청 빨라요."

**영**아는 미끄러져 내려간 사물이 다른 사람과 부딪히지 않게 하기 위해 신체 매트를 함께 들어 올려보고, 좌우로 움직이며 경사와 방향을 조절해 보았다. 크기가 작은 놀잇감은 부딪혀도 아프지 않다고 하며 교실 안의 다양한 놀잇감을 경사로 신체 매트 위에 올려놓은 후 굴러가는지 관찰했다.

**경**사로에 놓은 놀잇감 중 그대로 있는 것, 굴러가는 것, 굴러가지 않고 미끄러져 내려가는 것이 있었다. 처음에는 영아가 판단하기에 크기가 작은 놀잇감이 위에서 아래로 내려가면 만족했으나, 점차 굴러가는 것이 명확히 보이는 놀잇감을 의도적으로 선택했다. 또한 영아는 자신이 굴린 놀잇감이 오랜 시간 동안 먼 거리를 굴러갔으면 하는 바람을 표현했다. 이러한 영아의 흥미를 수용하기에는 교실 내 경사로의 길이와 너비가 한정적이므로 교사는 영아의 경사로에 대한 흥미를 유지할 수 있는 새로운 공간이 필요하다고 판단했다.

- 인지〉과학〉물리과학: 경사로의 특성을 탐색한다.
- 인지〉과학〉과학적 기술: 경사로에 올려놓은 사물이 위에서 아래로 내려가도록 조작한다.
  경사로에 사물을 굴리며 구르는 것과 구르지 않는 것을 경험한다.
- 인지〉학습성향〉주도성: 주변 사물 및 놀잇감에 대해 흥미를 갖고 스스로 더 알아본다.

탐구의 적용

# 04 데굴데굴 놀이터 만들기

**이**화어린이연구원 내에는 각 층을 이동하는 경로로 엘리베이터와 계단 외에 램프길이 있다. 교사는 학급의 경사로 신체 매트보다 훨씬 길고 넓은 램프길에 '데굴데굴 놀이터'라는 놀이 공간을 마련했다. 램프길에 굴릴 수 있는 자동차와 자동차에 실을 수 있는 나무 재질의 사람 모형을 준비했고 바닥에는 출발선을 표시했다. 준비한 자동차 중 3대의 바퀴에는 종이와 털실을 감아 바닥과의 마찰력이 차이가 나도록 하였다. 기존 책꽂이를 자동차 주차장으로 사용하고 경사로와 관련 있는 그림책을 바구니에 담아 주변에 비치했다.

탐구의 적용

# 04 데굴데굴 놀이터에서 놀이하기

"내려가자!"

"점점 빨라져요."

"내가 자동차야."

**영**아는 자동차가 스스로 굴러가도록 내려 놓기, 세게 밀어서 굴러가게 하기, 자동차를 손으로 밀며 내려가기 등의 다양한 방법으로 자동차를 굴리거나 자신이 자동차인 듯 경사로를 미끄러져 내려가기도 했다.

**영**아가 가장 관심을 보인 것은 학급에서와 마찬가지로 경사로를 내려가는 '물체의 이동 속도와 거리'였다. 자동차를 그냥 놓을 때와 세게 밀었을 때 굴러가는 속도와 거리가 다른 것을 관찰한 유아는 굴러가는 자동차를 쫓아가면서 물체의 이동 속도와 거리를 몸으로 확인했다.

- 신체〉운동기능〉대근육의 통제: 움직이는 자동차를 따라 신체를 움직인다.
- 인지〉과학〉물리과학: 빨라지는 자동차의 속도(가속도)를 관찰하고 경험한다.
  움직이는 물체의 속도는 물체에 주어지는 힘에 영향을 받는다는 것을 경험한다.
- 인지〉학습성향〉주도성: 주변 사물 및 놀잇감에 대해 흥미를 갖고 스스로 더 알아본다.

탐구의 적용

# 04 데굴데굴 놀이터에서 놀이하기

영아는 자동차를 골라 출발선에 일렬로 놓고 시합을 했다. 자동차 시합에서 자동차가 이동하는 속도와 거리가 서로 다름을 경험한 영아는 그 이유를 찾기 시작했다. 영아는 바퀴에 아무 것도 붙이지 않은 자동차가 바퀴에 종이나 천이 감긴 자동차보다 훨씬 잘 굴러가는 것을 발견했다. 그 후에 영아는 바퀴에 아무 것도 붙어 있지 않아 빠르고 멀리 굴러가는 자동차를 선호했다.

교사는 영아에게 자동차를 굴리는 힘과 자동차가 이동하는 속도와 거리의 관계를 주목하도록 다양한 질문과 제안(예 "어떻게 해야 멀리 굴러갈까?", "우리 다 같이 세게 굴려보자. 준비, 하나, 둘, 셋!", "세게 굴렸는데도 잘 안 가네.", "자동차가 다 똑같은가?", "자동차 모양은 어때? 다 똑같네.", "그럼 또 뭐가 다르지?")을 했다.

"여기에 볼록이가 있어서 잘 안 가."

"차가 자꾸 멈춰."

- 인지〉과학〉물리과학: 움직이는 물체의 속도는 마찰력에 영향을 받는다는 것을 경험한다.
- 인지〉학습성향〉주도성: 주변 놀잇감에 대해 흥미를 갖고 스스로 더 알아본다.

탐구 결과의 활용

# 05 다양한 연령을 어우르는 놀이터

"블록을 밀어보자."

"위에 정류장에 사람들이 있어. 태우러 가자."

"제 차에 사람을 태웠어요. 더 무거워요."

**이**화어린이연구원 내 램프길은 영유아가 통행과 놀이를 하는 공간이기 때문에 다양한 연령의 영유아가 자연스럽게 '데굴데굴 놀이터'에서 놀이를 했다. 놀이하는 방식은 연령에 따라 다르게 나타났는데 연령간 차이는 영유아의 발달에 기인한 것이었다. 만 1~2세의 영아는 자동차를 경사로에 굴리는 것에 집중적인 흥미를 보였고 나무 사람 모형은 역할놀이(예 태우고 내리기/ 정류장에서 기다리기)를 하는 데 활용하였다. 또한 교실에서 굴리길 원하는 다양한 사물을 가져와 램프길에 굴려보았다. 반면 만 3~5세의 유아는 자신이 아는 과학적 지식을 활용하여 바퀴 표면의 차이, 자동차를 굴리는 힘, 자동차 자체의 무게(예 같은 자동차를 준비해 주었음에도 불구하고 나무 재질의 사람 모형을 넣어 무게를 무겁게 함)를 의도적으로 달리하면서 얼마나 빨리, 그리고 멀리 굴러가는지 실험하는 양상을 보였다.

**교**사는 영유아의 발달적 차이로 나타나는 놀이 특성에 맞게 반응적으로 상호작용했다. 영아에게는 굴리기, 굴러가는 자동차 따라가기, 정류장놀이가 활성화되도록 지원했다. 유아에게는 이동 속도와 거리에 영향을 줄 수 있는 조건의 조작을 통한 결과를 확인하고 그 이유에 대해 이야기를 하도록 지원했다.

# 볼링 놀이터

만 2세

| | |
|---|---|
| **관심의 시작** | 빈 우유통 재활용하여 담고 쏟기/ 넣고 빼기 놀이하기 |
| **탐구** | 영아가 만든 통 놀잇감으로 다양한 놀이하기 |
| **탐구의 확장** | 더 빨리 굴리려면… 통이 무겁거나 내가 세게 굴리거나! |
| **탐구의 적용** | 볼링 놀이터 만들기 |
| **탐구 결과의 활용** | 다양한 연령의 놀이 |

관심의 시작

# 01 빈 우유통 재활용하여 담고 쏟기/ 넣고 빼기 놀이하기

"가느다란 막대는 한 번에 들어가네."

"처음 구겨 넣었구나!"

"이것은 들어갈까?"

"이것은 너무 커서 안 들어가…"

**만** 2세 학급에서 간식 후 생기는 빈 우유통을 깨끗하게 씻어서 놀잇감으로 재활용했다.

**교**사는 넣고 빼기, 담고 쏟기를 즐기는 영아가 입구가 좁은 우유통을 사용함으로써 용기의 입구와 넣는 사물 간의 관계를 생각할 수 있도록 했다.

- 인지〉학습성향〉호기심: 새로 접하는 놀잇감에 관심을 보인다.
- 인지〉학습성향〉주도성: 주변 사물 및 놀잇감에 대해 흥미를 갖고 스스로 더 알아본다.
- 인지〉과학〉과학적 기술: 사물의 크기가 통의 입구보다 작다는 인과 관계를 추론하여 의도적인 조작을 한다.
- 인지〉수학〉측정: 여러 가지 사물을 같은 입구에 넣어보며 크기를 비교한다.
- 신체〉운동기능〉대 · 소근육 통제와 협응: 손가락의 협응 및 통제로 사물을 통에 넣는다.

탐구

# 02 영아가 만든 통 놀잇감으로 다양한 놀이하기

"내가 여기 때렸어. 꽃은 안 아파."
"그것은 가득 찼는데 가볍구나."

"나 악기 있어요. 이거 소리도 나요."
"나무만 넣었네! 흔드니 소리가 나는구나."

"야구처럼 칠 수도 있네!"

**영**아는 자신이 만든 통 놀잇감으로 다양한 놀이를 했다. 통을 이용해서 사물 및 신체 두드리기, 주스가게놀이 하기 등 여러 형태의 놀이가 나타났다. 돌멩이, 나무 블록처럼 통에 넣고 흔들었을 때 소리가 나는 것으로는 자유롭게 흔들면서 악기 연주를 했고 무거운 사물이 들어 있는 통을 이용해서 가벼운 통을 치는 놀이가 나타나기도 했다.

**교**사는 영아가 만든 통의 특성을 탐색하도록 격려했다.

- 인지〉과학〉과학적 기술: 같은 사물을 다양한 방법으로 사용하여 도출되는 다양한 결과를 관찰한다.
- 인지〉학습성향〉호기심: 자신이 만든 통 놀잇감에 관심을 가진다.
- 인지〉학습성향〉주도성: 주변 사물 및 놀잇감에 대해 흥미를 갖고 스스로 더 알아본다.

탐구

# 02 영아가 만든 통 놀잇감으로 다양한 놀이하기

"통이 구르면서 소리가 나네!"

"부드러운 천이 든 통은 굴러가면서 아무 소리가 안 나네."

"통 안에 있는 막대가 움직이는구나."

**통** 놀잇감으로 하는 놀이 중 가장 많은 영아가 흥미를 보인 것은 통 굴리는 놀이였다.

**교**사는 통을 굴릴 때 움직이는 통 속 모습(가득 들었을 때와 조금 들었을 때)이나 구르면서 나는 소리에 영아가 주의를 기울이도록 격려했다.

- 인지〉과학〉과학적 기술: 자신이 알아보고 싶은 것을 자세히 관찰하고 탐색한다.
- 인지〉학습성향〉호기심: 자신이 만든 통 놀잇감에 관심을 가진다.
- 사회〉사회적 관계: 또래 옆에서 유사한 놀이를 한다.

탐구

# 02 영아가 만든 통 놀잇감으로 다양한 놀이하기

"내 것이 더 많이 갔어."

"아! 벌써 멈췄어."

**처**음에는 평평한 바닥에서 통을 굴리다가 교실에 배치되어 있는 신체 매트의 낮은 경사로에 통을 반복적으로 굴렸다. 큰 힘 없이 통이 빠르게 굴러가는 모습과 통 안에 담긴 사물이 움직이는 모습에 흥미를 보였다. 그러나 경사가 낮고 길이가 짧은 것에 아쉬움을 표현했다.

**교**사는 영아가 더 멀리, 빨리 굴리는 다양한 전략을 생각해 낼 수 있도록 경사가 있고 길이가 긴 공간인 램프길에서 놀이를 할 수 있도록 지원하였다.

- 인지〉과학〉과학적 기술: 알아보고 싶은 것을 자세히 관찰하고 탐색한다.
- 인지〉과학〉물리과학: 물체가 큰 힘 없이 움직이는 데 도움이 되는 원인(경사로)를 이해한다.
- 사회〉사회적 관계: 또래와 공간을 공유하여 옆에서 유사한 놀이를 한다.

탐구의 확장

# 03 더 빨리 굴리려면… 통이 무겁거나 내가 세게 굴리거나!

"어떤 것이 더 빨리 구를까?"

"이게 더 무거워!"

만 2세 영아는 램프길에서 통이 빨리 굴러가게 하는 것에 집중했다. 영아가 주로 사용한 전략은 세게 굴리기였고, 굴린 후 따라가서 잡기놀이도 즐겨했다. 통 따라가 잡기를 할 때도 세게 굴린 후 통이 빨리 내려갈 때 가장 좋아했다.

이 과정에서 "왜 이건(내 통은) 느려요?" 같이 통이 굴러가는 속도에 대해서 질문을 하는 영아가 많았다. 어떤 영아는 통이 가벼워야 빨리 굴러갈 수 있다고 생각하고(가벼운 풍선이 잘 날라가는 것처럼), 다른 영아는 무거워야 잘 굴러간다고 생각했다. 교사는 영아가 무게와 속도의 관련성에 대해서 생각해 볼 수 있도록 양손에 무게가 다른 통을 들어서 어림하고 비교한 후 굴려보도록 했다.

- 인지〉과학〉물리과학: 물체가 움직이는 속도에 영향을 주는 요인이 있음을 경험한다.
- 인지〉과학〉과학적 기술: 통이 굴러가는 속도의 차이에 대한 원인에 대해 질문한다.
- 인지〉수학〉측정: 물체의 무게에 대한 측정과 관련된 행동을 한다.

탐구의 확장

## 03 더 빨리 굴리려면… 통이 무겁거나 내가 세게 굴리거나!

"왜 내 것은 멀리 안 가지?"

"○○는 두 손으로 굴리네!"

"△△는 영차! 하고 굴리네."

**영**아는 무거운 통을 골라 굴리는 데 집중했다. 그런데 같은 통이어도 굴리는 영아에 따라 통이 굴러가는 속도와 거리가 다르다는 것을 느끼게 되었다.

**교**사는 멀리 굴린 영아의 모습을 관찰하게 하고 세게 굴리는 영아의 동작을 묘사해 주었다.

- 인지〉과학〉물리과학: 물체가 움직이는 속도와 거리에 영향을 주는 요인이 있음을 경험한다.
  물체가 움직이는 속도와 거리를 바꿀 수 있음을 이해한다.
- 인지〉과학〉과학적 기술: 통이 굴러가는 속도와 거리의 차이에 대한 원인에 대해 질문한다.

탐구의 적용

# 04 볼링 놀이터 만들기

**통** 굴리기놀이를 하는 중에 통을 세워놓고 다른 통으로 맞추는 놀이도 시작되었다.

**영**아의 통 굴리기, 통 멀리 굴리기, 통으로 통 맞추기에 대한 흥미를 고려하여 볼링 놀이터를 만들기로 했다. 교사는 영아가 마음에 드는 볼링 핀(다양한 사물이 담긴 통)을 필요한 만큼 골라 원하는 자리에 세운 뒤 공을 굴려서 핀을 쓰러뜨릴 수 있게 했다. 또한 다른 연령의 영유아가 사용할 경우는 쉽게 쓰러지는 통과 쓰러지지 않는 통의 '무게'를 비교해 볼 수 있도록 저울을 제공했다.

- 인지〉과학〉과학적 기술: 알아보고 싶은 것을 자세히 관찰하고 탐색한다.
- 인지〉수학〉공간관계: 놀이를 하면서 사물을 다양한 위치에 놓거나 자신이 다양한 위치에 위치한다.
- 인지〉수학〉측정: 물체의 무게에 대한 측정과 관련된 행동을 한다.
- 사회〉사회적 관계: 타인과 공간을 공유하여 놀이를 한다.

탐구 결과의 활용

# 05 다양한 연령의 놀이

다양한 연령의 영유아가 자유선택활동, 등원, 하원 시간 등 일과를 지내면서 '볼링 놀이터'에 자유롭게 드나들며 놀이를 했다. 만 1~2세 영아는 단순하게 신체를 이용하여 통 탐색하기(들기, 흔들기, 두드리기 등), 볼링공 굴려서 쫓아가기, 공 굴려서 통 쓰러트리는 등의 행위를 반복하면서 통과 경사로의 특성을 각각 탐색하는 것에 흥미를 보였으며, 만 3~5세 유아는 볼링공을 굴려서 통을 쓰러트리고 그 중에서 쉽게 쓰러지는 통과 쓰러지지 않는 통의 무게를 신체 및 도구(저울)을 이용하여 비교하며 통의 '무게'에도 관심을 갖는 모습을 보였다.

- 인지〉과학〉과학적 기술: 알아보고 싶은 것을 자세히 관찰하고 탐색한다.
  같은 사물을 다양한 방법으로 사용하여 다양한 결과를 관찰한다.
- 인지〉수학〉범주화: 사물의 무게를 기준으로 두 개의 집단으로 나눈다.
- 인지〉수학〉측정: 물체의 무게에 대한 측정과 관련된 행동을 한다.

# 다양한 방법으로 걸을 수 있는 램프길

교사

| | |
|---|---|
| **공간의 특성** | 램프길 |
| **기준 1** | 걷기 이외의 대근육활동을 할 기회 제공 |
| **기준 2** | 다음에 나타날 것에 대한 기대감을 갖게 할 수 있는 활동 |
| **기준 3** | 안전에 대한 인식이 부족한 학기 초임을 고려하여 안전을 보장하는 활동 |
| **기준 4** | 연구원의 다양한 공간을 인식하는 데 도움을 주는 활동 |
| **기준 5** | 상상놀이를 촉진할 수 있는 활동 |

공간의 특성

# 01 램프길

△ 램프길(2014년 3월)

**이**화어린이연구원에는 계단과 엘리베이터 외에 램프길이 있어 영유아와 교사가 등 · 하원 시간과 일과 시간에 자주 이용한다. 학기 초는 날씨가 춥고, 모든 학급의 영유아가 연령에 맞게 적응 프로그램을 실시하는 시기라 실외활동을 자주 할 수 없다. 특히 영아가 적응 과정 중 많이 울 때 램프길 산책을 통해 전환을 시도하기도 하고, 실외활동을 할 수 없는 날에는 전체 학급을 데리고 램프길 산책을 하며 실외 풍경을 보곤 하였다.

**교**사들은 회의를 통해 램프길 산책을 교육적인 활동으로 전환하는 방안에 대해 브레인스토밍을 하였고, 5가지 기준을 세워 램프길에서 할 수 있는 활동을 고안하였다.

기준 1

# 02 걷기 이외의 대근육활동을 할 기회 제공

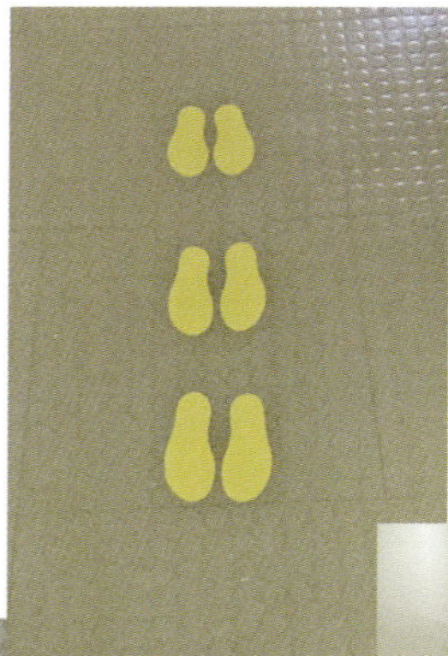

"옆으로 옆으로!"

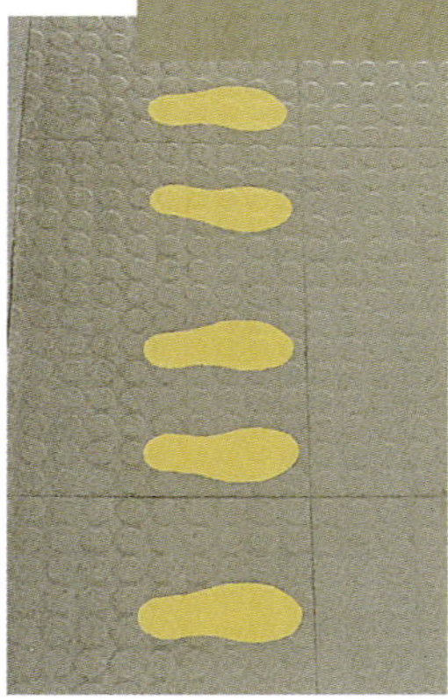

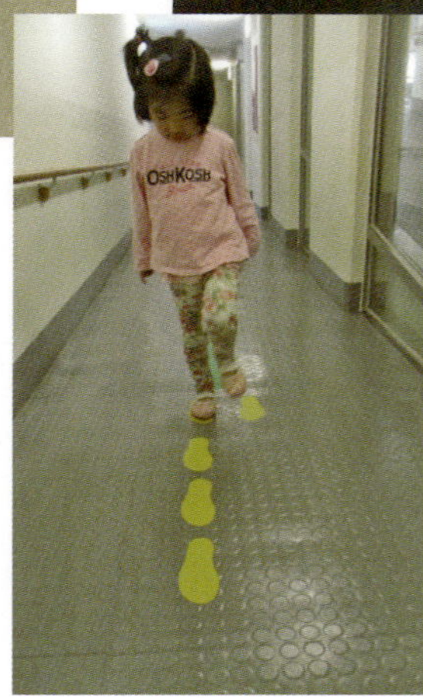

"한 발로!"

**교**사는 램프길에서 단순히 걷기만 하는 한계를 개선하고자 노력하였다. 다양한 이동동작을 경험하면 리듬 운동 능력과 표현 능력이 증진되며, 균형감이 풍부해져 창의적인 동작의 기초를 이룰 수 있다. 따라서 다양한 대근육활동(두 발 모아 뛰기, 한 발 뛰기, 옆으로 걷기)이 이루어질 수 있도록 환경을 구성하였다.

**영**아의 경우 두 발 모아 뛰기를 하도록 붙여놓은 발바닥에 자신의 발을 똑같이 대는 수준으로 활동하였고, 유아는 두 발을 모아 뛰거나 한 발로 뛰는 차이가 나타났다.

- 신체〉운동기능〉대 · 소근육 통제와 협응: 다양한 대근육활동을 하며 신체조절 능력을 기른다.
- 인지〉학습성향〉문제해결에 필요한 창의력: 발바닥에 맞추어 움직이기 위한 방법을 찾는다.

기준 1

# 02 걷기 이외의 대근육활동을 할 기회 제공

"나 이렇게 누워서도 할 수 있어요."

"엉금엉금, 다 왔다!"

"넓게 넓게!"

**교**사는 원형 터널을 제공해 걷기뿐만 아니라 다양한 방법으로 기어서 이동할 수 있도록 하였다.

**또**한 엉덩이 썰매 타며 내려가기, 넓게 · 좁게 다리 벌려 걷기 등 다양한 대근육활동을 제안하였다.

**처**음에 영유아는 팔다리를 이용해 기어서만 터널을 통과하였다. 하지만 교사가 다양한 방법을 격려하자 각자의 방법(누워서, 포복으로, 옆으로 앉아서, 허리를 숙이고)으로 터널을 통과하였다.

**영**유아는 넓게 · 좁게 걷기 등의 대근육활동을 하며 공간 인식 중 넓이를 인식하고 스스로 움직임을 조절하였다.

- 신체〉운동기능〉대 · 소근육 통제와 협응: 다양한 대근육활동을 하며 신체조절 능력을 기른다.
  움직임의 넓이를 인식하고 신체를 조절해 움직인다.

기준 2

# 03 다음에 나타날 것에 대한 기대감을 갖게 할 수 있는 활동

"이번엔 하늘색 선이네."

"손바닥 치기는 언제 나와요?"

**교**사는 영유아가 램프길을 걸으며 다음에는 어떤 것이 나올지 기대감을 갖고 자발적으로 램프길 산책에 참여하길 원하였다. 다음에 나타날 것에 대한 기대감을 가질 수 있도록 반복되지 않게 다양한 선을 제공하였다. 각 층마다 영유아가 흥미를 가지고 참여할 수 있는 활동 공간(가위바위보, 손바닥 치기 등)도 제공하였다.

**영**유아는 램프길 산책을 하며 다음에 나올 것에 관심을 보였다. 어떤 색과 모양의 선이 나올 지, 어떤 활동이 있을지 기대하며 걸었다.

- 신체〉운동기능〉대 · 소근육 통제와 협응: 선을 따라 걸으며 신체균형을 잡는다.
- 인지〉학습성향〉끈기: 끈기를 가지고 선 따라 걷기를 시도한다.
- 인지〉학습성향〉문제해결에 필요한 창의성: 다양한 방법으로 선 따라 걷는 방법을 고안한다.

기준 3

# 04 안전에 대한 인식이 부족한 학기 초임을 고려하여 안전을 보장하는 활동

**학**기 초 두 발 모아 뛰기, 한 발 뛰기와 같은 이동동작을 경사로를 내려오며 할 경우는 안전상 위험할 수 있다. 따라서 발바닥 모양을 올라가는 방향으로 붙여 영유아의 안전을 보장하였다. 비행기의 경우에도 비행기를 상상하며 뛰어 올라갈 수 있도록 비행기 그림을 올라가는 방향으로 붙였다.

**교**사와 함께 램프길 산책을 하며 내려갈 때 뛰면 위험하다는 사실을 알게 되었고, 이동 시 안전에 대한 관심으로 확장되었다.

• 신체〉신체적 안녕〉건강 · 영양 · 안전: 안전 관련 약속을 인식하고 실천한다.

기준 4

# 05 연구원의 다양한 공간을 인식하는 데 도움을 주는 활동

"우리 산책 갔던 길로 동생들이 지나가요."

"오리가 숨어 있어!"

**교**사는 이동하다 멈추어 서서 주변 환경에 관심을 가질 수 있는 활동을 계획하였다. 연구원 안에서 연구원 주변을 볼 수 있게 창가에 의자를 두거나, 위쪽에 숨어 있는 오리 인형 찾기 등 연구원의 다양한 공간을 인식할 수 있게 하였다.

**영**유아는 연구원 곳곳에 관심을 가지고 주변을 탐색하기 시작하였다. 연구원 건물 내부 뿐만 아니라 외부를 보며 과거의 경험을 회상하기도 하였다.

- 인지〉수학〉공간관계: 공간의 특성에 관심을 갖고 주변 환경을 탐색한다.
- 언어〉말하기〉문장 및 방법: 자신의 생각, 경험을 간단한 문장으로 말한다.

기준 4

# 05 연구원의 다양한 공간을 인식하는 데 도움을 주는 활동

**교**사는 연구원을 졸업한 형님의 사진을 볼 수 있는 곳에서 발을 벌리고 서서 사진을 보거나, 램프길의 구부러진 곳을 볼 수 있게 하였다.

연구원의 역대 졸업사진을 볼 수 있는 공간 ▷

"저기 꽃이 있어요."
"도서관 갈 때 밟는 나무다!"

**영**유아는 무심히 지나가던 공간에도 관심을 가지고 탐색하기 시작하였다. 교사가 계획한 곳 외에도 창문을 통해 별관 도서관으로 이어지는 길을 발견하기도 하였다.

- 사회〉사회과 지식〉지리적 지식: 친숙한 공간의 시설 및 특성을 인식한다.
- 인지〉수학〉공간관계: 친숙한 공간의 위치적 관계를 기억해 연결한다.

기준 5

# 06 상상놀이를 촉진할 수 있는 활동

"나는 춤추는 선수예요."

**교**사는 램프길 벽면과 바닥에 붙인 선에 리듬체조 선수, 토끼 그림과 같은 자료를 제시하여 유아가 다양한 상상을 하며 걸을 수 있도록 하였다.

**영**유아는 추가로 붙은 자료를 보며 체조 선수, 동물 등 다양한 상상을 하며 램프길을 이동했다. 발바닥과 선이 없는 곳에서는 스스로 거인, 소방차를 상상하며 걷기도 하였다.

• 예술〉예술활동에서 창의성: 동물 · 사물의 움직임을 상상하고 표현한다.
창의적인 방법을 생각하여 걷는다.

## 우연한 활동으로부터 생성된 놀이터

학급 맥락에서 시작된 놀이에서 전체 유아가 함께 놀 수 있는 놀이로 발전한 놀이터

**만 5세**
- 우리가 설계하고 설치하는 **테라스 물놀이대!**
- **형님**들이 만들고 **동생**들이 놀이하는 **미로**

**만 4세**
- **별 동 굴**
- **굴링굴링 볼링장**

**만 3세**
- 숨기고 찾는 **보물찾기 놀이터**
- **반짝이 불빛 놀이터**

**만 2세**
- **공이 지나는 길**
- 
  **누구나** 숨을 수 있고
  **언제나** 만들 수 있는 **숨바꼭질 놀이터**

# 우리가 설계하고 설치하는 테라스 물놀이대!

만 5세

| | | |
|---|---|---|
| **관심의 시작** | 신나는 물놀이! | 교실에서 물놀이하기 |
| **탐구의 확장** | 물놀이 놀잇감 설계하기 | |
| **탐구의 적용** | 물놀이 놀잇감 만들기<br>만든 놀잇감 수정하기 | 만든 놀잇감 실험하기 |
| **탐구 결과의 활용** | 완성한 물놀이대에서 놀이하기 | 동생과 함께 놀이하기 |

관심의 시작

# 01 신나는 물놀이!

**여**름철이 되면 유아는 연구원 옥상에서 수영복을 입고 물놀이를 한다. 물놀이는 실외에서 놀이할 수 있다는 점과 물을 이용한다는 점 때문에 유아가 특별히 선호하는 활동이다. 유아는 물놀이를 자주하기를 원하지만 교사는 준비와 활동에 시간이 많이 소요되고 유아의 체력 고갈 때문에 자주 계획하기 어렵다.

△ 옥상 놀이터에서 물놀이를 하는 모습 ▷

**유**아가 물놀이를 특별하게 여기는 것은 물을 사용할 수 있다는 점 때문이다. 물을 이용한 놀이를 손쉽게 할 수 있는 방법을 생각한다면 매일같이 물놀이를 하고 싶다는 유아의 욕구를 해결할 수 있다. 교사는 유아가 멀리 이동하지 않고 물을 사용하기에 적합한 방법과 공간을 교실 안에서 찾아보도록 하였다.

- 정서〉감정표현: 물놀이의 즐거움과 내가 하고 싶은 것을 표현한다.
- 인지〉학습성향〉주도성: 내가 탐구하고 싶은 것이 실현 가능한 환경을 구성할 방법을 찾는다.

관심의 시작

# 01 교실에서 물놀이하기

**교**실에 있는 테라스에서 물놀이를 하기로 결정하여 큰 대야에 물을 받았다. 유아는 교실에서 평소에 사용하던 놀잇감 중 원하는 것을 선택하여 물이 있는 테라스로 가져와 놀이했다.

**관**찰 결과 물 자체의 특성을 탐색할 수 있는 방식보다는 놀잇감을 물에서 가지고 노는 방식의 놀이 형태가 나타났다.

**물**이 핵심이 되는 놀이를 할 수 있도록 연구원에 있는 물놀이 놀잇감(작은 물레방아, 분무기, 물 조리개, 장난감 배)을 추가해 주었다. 기존의 물놀이 놀잇감은 종류도 다양하지 않았고 만 5세 유아에게는 단순하게 느껴지는 형태가 많았다. 좀 더 복잡한 형태의 물놀이 놀잇감을 유아와 설계하여 만들기로 했다.

- 인지〉학습성향〉주도성: 내가 탐구하고 싶은 것이 실현 가능한 환경을 구성할 방법을 찾는다.
- 인지〉과학〉물리과학: 물의 고유한 특성에 관심을 갖는다.
  물체(물)의 위치와 움직이게 하는 힘에 대해 관심을 갖는다.

탐구의 확장

# 02 물놀이 놀잇감 설계하기

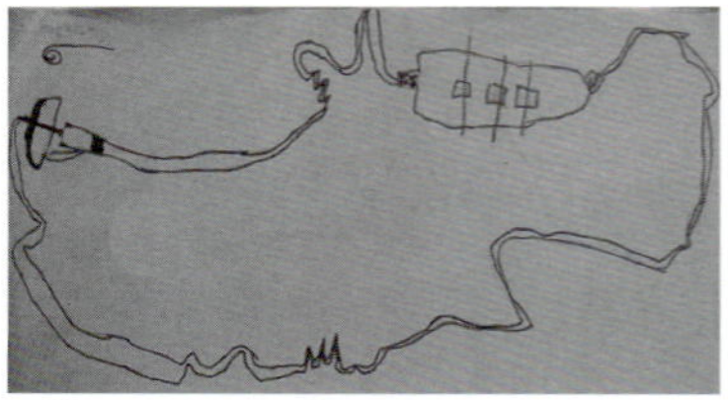

"물이 호스를 타고 흘러가서 밑으로 내려갔다가 다시 올라가서 처음 물이 나온 곳으로 돌아와요."

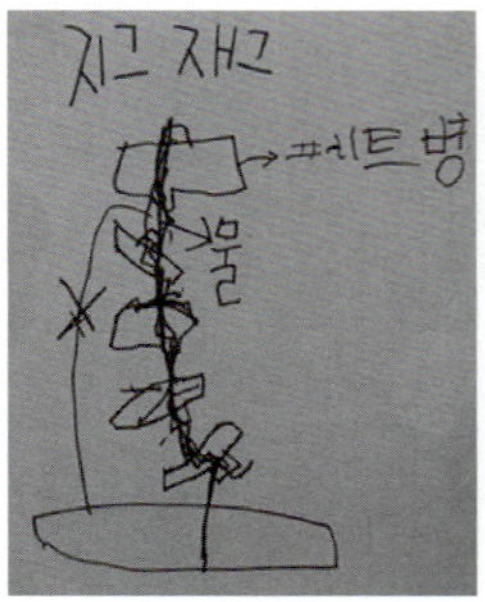


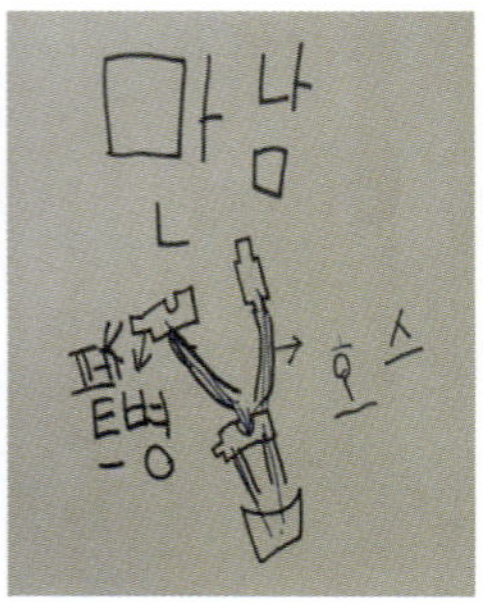


"페트병 여러 개에 구멍을 뚫어서 물이 지그재그로 내려오게 만들 거예요."
"페트병에 호스를 연결해서 밑에 있는 페트병에서 물이 나와요."

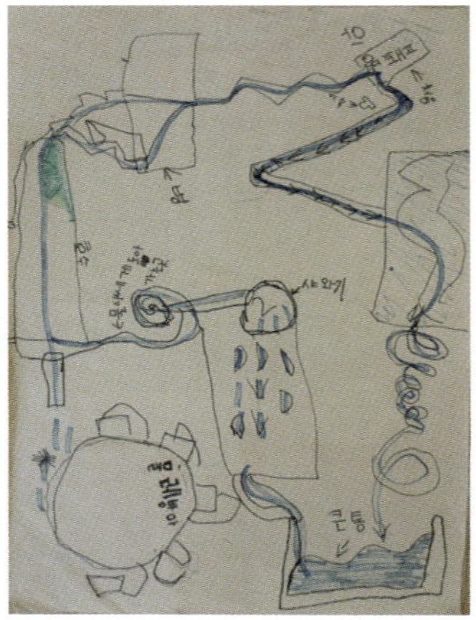

**모**둠별로 의견을 모아 어떤 물놀이 놀잇감을 만들 것인지 설계도로 나타내 보았다.

**유**아가 그린 설계도를 보고 대부분의 유아가 물의 유동성과 물이 높은 곳에서 낮은 곳으로 흐른다는 점을 이해하고 있음을 알 수 있었다. 하지만 동력이 없는 상태에서 내려간 물이 다시 관을 타고 올라가 순환하는 구조로 설계한 것이나 얇고 긴 관이 달팽이 모양으로 감기는 구조에서 물이 세차게 돌아가는 곳이라고 설명한 것으로 보아 물의 성질과 힘에 대한 이해가 완전하지 않음을 알 수 있었다.

**교**사는 유아가 설계한 것을 직접 만들어보고 실험하는 과정에서 가능한 구조와 그렇지 않은 구조를 구분하기를 원했다. 결과적으로 물이 힘을 갖고 움직이기 위한 조건을 알아내도록 후속활동을 계획하였다.

- 인지〉학습성향〉문제해결에 필요한 창의력: 내가 놀이하고 싶은 물놀이대를 설계한다.
- 인지〉과학〉과학적 기술: 언어, 그림 또는 다양한 형태의 기록으로 탐구 결과를 공유한다.
- 인지〉과학〉물리과학: 물의 고유한 특성에 대해 관심을 갖는다.
  물체(물)의 위치와 움직이게 하는 힘에 대해 관심을 갖는다.
- 인지〉학습성향〉계획–실행–점검 능력: 기능하는 물놀이대를 만들어야 하는 문제를 해결한다.
- 사회〉공동체에서 역할 수행: 문제해결 과정에서 또래와 협력한다.
- 언어〉듣기 · 말하기〉사회적 의사소통: 또래와 협력하여 문제를 해결하는 과정에서 의사소통 능력과 의사소통에 필요한 관습을 익힌다.

탐구의 적용

# 03 물놀이 놀잇감 만들기

물놀이에 적합한 소재의 폐품 및 호스 등 필요한 재료를 먼저 선택한 뒤 물놀이 놀잇감을 제작했다.

교사의 도움과 안내에 따라 글루건과 송곳을 유아가 직접 사용했다.

"교실에 있는 플라스틱 병에 구멍을 내면 되겠다. 여기에 호스를 연결하면 돼요."

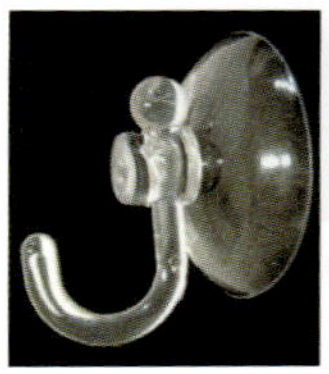

△ 놀잇감에 사용한 흡착고리와 흡착고리를 이용해 물놀이 놀잇감을 설치하는 모습 ▷

교사는 설계도를 따라 만들면 물놀이대가 기능하지 않을 것이 예상되어도 유아가 스스로 수정할 수 있도록 일단 설계도대로 물놀이 놀잇감을 제작하도록 하였다. 또한 물놀이 놀잇감에 흡착고리를 제공하여 유아가 직접 벽면에 설치하고 자유롭게 변형할 수 있게 해주었다.

- 인지〉학습성향〉계획–실행–점검 능력: 설계도에 있는 대로 물놀이대를 만들 전략을 고민하고 실행한다.
- 사회〉공동체에서 역할 수행: 문제해결 과정에서 또래와 협력한다.
- 언어〉의사소통: 또래와 협력하여 문제를 해결하는 과정에서 의사소통 능력을 키우고 의사소통에 필요한 관습을 익힌다.
- 신체〉운동기능〉대 · 소근육 통제와 협응: 설계도에 맞는 물놀이대를 만들기 위해 적합한 도구를 안전하고 정교하게 사용한다.

탐구의 적용

# 03 만든 놀잇감 수정하기

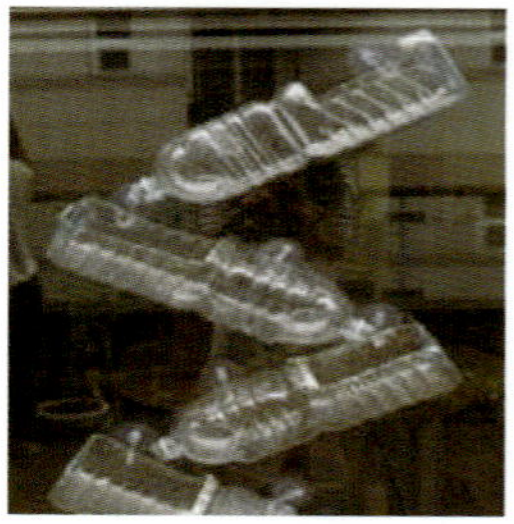

◁ 지그재그를 높이가 높은 유리벽에 설치한 모습. 유아는 지그재그를 설치할 때는 경사에 유의하며 설치하였다.

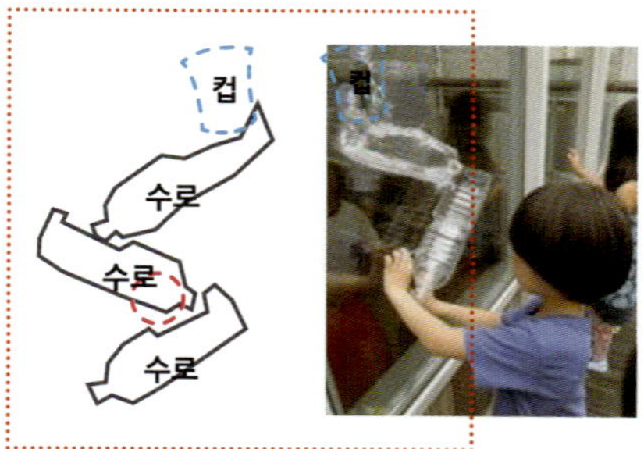


△ 페트병 모양의 특징으로 물이 고이는 부분(빨간 점선). 많은 양의 물이 한 번에 쏟아져 고이는 물의 양이 적도록 큰 컵을 추가하였다. (파란 점선)

**발**견한 문제에 대해서는 교사가 다음과 같이 해결할 수 있도록 도움을 주었다.

1) 물이 잘 내려가려면 지그재그 모양의 수로에 경사가 있어야 한다는 점은 유아가 알고 있었다. 하지만 설계한 것처럼 여러 개의 페트병을 설치하니 경사가 없어져 페트병 밑에 물이 고였다. 많은 페트병을 설치하면서도 경사도를 고려하기 위해서는 높이가 있는 유리벽이 필요했다. 테라스에 있는 여러 창문에 지그재그 모양의 수로를 설치 및 실험한 결과 가장 많은 페트병을 설치할 수 있고 물이 고이지 않을 정도로 경사가 있게 설치하는 것이 가능한 유리벽을 찾아 지그재그 모양의 수로 설치에 이용하기로 결정했다.

2) 경사에 유의하여 설치해도 지그재그 모양의 수로에 사용한 페트병의 특징(병 입구는 좁고 그 옆에 오목한 형태로 되어 있는 것)으로 인해 물이 고이는 현상이 나타났다. 유아는 지그재그를 반복적으로 사용하며 한 번에 흘러가는 물의 양이 많을수록 물이 세차게 내려가며 그 때문에 페트병 앞부분에 고이는 물의 양도 적어진다는 것을 발견했다. 유아가 지그재그가 시작하는 부분에 물이 한꺼번에 쏟아지는 구조를 추가적으로 만들기 원해서 교사가 물이 모였다가 한 번에 쏟아져 내려올 수 있도록 큰 플라스틱 컵을 지그재그 모양 수로에 이어 붙여 사용하는 모습을 보여주었다. 이후에 유아도 지그재그를 사용할 때 물이 모여서 내려갈 수 있는 컵을 시작 부분에 설치하여 사용하였다.

탐구의 적용

# 03 만든 놀잇감 수정하기

◁ 수정 전 물레방아

▽ 수정한 물레방아

3) 벽에 설치하면 기울어지게 되는 물레방아를 유아가 똑바로 잡고 물을 붓는 모습에서 물레방아가 도는 힘은 떨어지는 물에서 오며 물레방아 날에 물이 잘 닿아야 물레방아가 돌아감을 유아가 인식하고 있음을 볼 수 있었다. 벽에 설치하면 기울어지는 물레방아의 문제를 해결하기 위해 평면인 벽에 설치할 때 앞쪽으로 기울어지지 않는 안정적인 폐품을 다시 선택하여 물레방아를 만들자고 교사가 제안하였다. 유아는 평면인 벽에 밀착하는 폐품이 필요할 것이라고 생각하고 적절할 것이라 보이는 폐품을 가져와 직접 유리벽에 대어보았다. 그 결과 육각형의 통이 가장 적합하다고 결론을 내려 교사는 유아가 고른 육각형 통에 물레방아 날을 연결해 주었다. 물레방아에 떨어뜨리는 물이 물레방아 날에 잘 닿을 수 있도록 날의 크기를 더욱 크게 하여 물레방아를 만들어주었다.

- 인지〉학습성향〉끈기: 설계한 실험에 문제가 발생해도 포기하지 않고 해결책을 찾는다.
- 인지〉학습성향〉관찰력: 문제가 있음을 인식한 뒤 문제의 원인이 무엇인지 발견하기 위해 관찰한다.
- 인지〉학습성향〉호기심: 물놀이대 실험 중 발생되는 문제(지그재그를 많이 설치할 수 없음, 페트병에 물이 고여 내려가지 않음, 물레방아 날에 물줄기가 닿지 않음)에 관심을 가지고 문제해결 방법을 생각해 본다.
- 인지〉학습성향〉주의집중: 설계도대로 물놀이대 만들기라는 문제해결을 위해 호기심을 유지하고 주의를 기울이고 계획을 한다.
- 인지〉수학〉공간관계: 여러 개의 페트병을 경사 있게 설치할 수 있도록 세로 길이가 긴 유리벽에 물놀이대를 설치한다.
- 인지〉수학〉도형: 도형의 특성을 이해하고 유리벽에 밀착할 수 있는 물레방아를 만드는 데 적절한 모양의 폐품을 사용한다.
- 인지〉과학〉과학적 기술: 작동하는 물놀이대에 필요한 도구(사각형 모양의 통)를 적절히 사용한다.
- 인지〉과학〉물리과학: 흘러가는 물의 양이 많을수록 물이 빠르게 흐른다.
  물이 흐르는 곳의 경사가 가파를수록 물이 빠르게 흐른다.

탐구의 적용

# 03 만든 놀잇감 수정하기

△ 깔때기를 연결하고 호스의 길이를 줄인 샤워기

4) 많은 양의 물을 좁은 호스 입구에 쏟아 넣기 위한 방법은 인터넷을 활용해 유아가 찾아볼 수 있도록 했다. 교사와 함께 인터넷 검색을 하였고 페트병과 같은 좁은 입구에 깔때기를 사용하는 사진을 발견했다. 유아가 깔때기를 호스 끝에 연결하면 좋겠다는 이야기를 하여 연구원에 있는 깔때기를 찾아 호스 입구에 연결하였다. 깔때기를 연결하자 한 번에 많은 물을 쏟아 넣어도 호스 밖으로 흐르지 않았고 샤워기도 생각했던 대로 제 기능을 하였다. 깔때기가 하나 밖에 없었기 때문에 유아는 그와 비슷한 모양의 폐품을 찾아 호스 입구에 연결하자고 하였고 교사는 이를 연결해 주었다.

5) 호스가 긴 샤워기를 쓸 때 물을 붓고 난 다음에 물이 잘 내려가야 한다며 호스 입구 부분을 높이 들어 올리거나 키가 큰 유아가 물을 붓도록 하는 등의 모습을 보였다. 물은 위에서 아래로 흐르는 성질이 있기 때문에 호스를 통해 물이 내려오려면 물이 들어가는 입구는 위로, 샤워기 머리 부분은 아래로 내려가야 함을 유아가 인식하고 있었다. 하지만 샤워기에 달린 호스 길이가 길어 호스가 옆으로 늘어지는 모습이 자주 보였다. 이로 인해 물이 세차게 내려오지 않자 유아는 호스 길이가 길어 불편하다는 이야기를 하였고 호스의 길이를 짧게 만드는 것을 제안했다. 교사는 유리벽의 높이, 유아의 키를 고려하여 호스의 길이를 줄여주었다.

- 인지〉학습성향〉끈기: 설계한 실험에 문제가 발생해도 포기하지 않고 해결책을 찾는다.
- 인지〉학습성향〉호기심: 물놀이대 실험 중 발생되는 문제(호스 입구가 좁음, 긴 호스를 통해 물이 세차게 흐르지 않음)에 관심을 가지고 문제해결 방법을 생각해 본다.
- 인지〉학습성향〉주의집중: 설계도대로 물놀이대 만들기라는 문제해결을 위해 호기심을 유지하고 주의를 기울이고 계획을 한다.
- 인지〉과학〉과학적 기술: 작동하는 물놀이대에 필요한 도구(깔때기)를 적절히 사용한다.
- 과학〉과학적 지식〉물리과학: 흘러가는 물의 양이 많을수록 물이 빠르게 흐른다.

탐구 결과의 활용

# 04 완성한 물놀이대에서 놀이하기

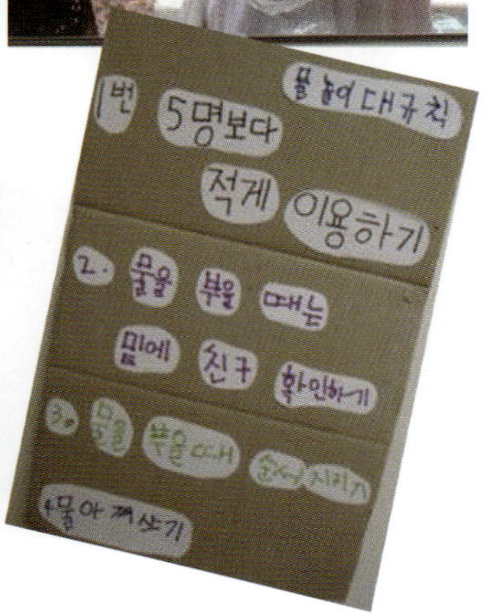


**완**성된 물놀이 놀잇감을 이용해 설계된 형태 이외에 다양한 물놀이대를 만들어 놀이했다.

**물**놀이대를 여러 유아가 사용하면서 발생한 불편한 일에 대해서 함께 이야기를 나누고 규칙을 만들었다.

**유**리벽이 있는 곳이면 어디든 설치하고 다시 정리할 수 있다는 물놀이대의 장점을 활용해 교실 테라스 외 다른 곳에서 사용해 볼 것을 제안해서 옥상 놀이터에서도 사용해 보았다.

- 사회〉사회적 관계: 여러 명의 또래와 협력하여 놀이하며 또래와 우호적 관계를 형성한다.
  필요에 따라 공동체를 위한 규칙을 만들고 준수한다.
- 인지〉학습성향〉관찰력: 여러 명의 유아가 물놀이대를 사용하며 발생한 문제를 인식한다.
- 언어〉쓰기: 전달하고자 하는 내용을 쓰기를 통해 표현한다.
- 인지〉학습성향〉문제해결에 필요한 창의력: 물놀이대를 자유롭게 여러 가지 형태로 만든다.

탐구 결과의 활용

# 04 동생과 함께 놀이하기

**동**생반이 물놀이대에 오고 싶어 한다는 이야기를 듣고 유아가 동생들을 초대하자는 의견을 내었다.

**연**구원의 여러 동생들이 물놀이대를 사용할 기회를 얻을 수 있도록 포스터로 홍보하여 동생을 초대하기로 했다.

**유**리벽이 있는 곳에는 어디든지 설치할 수 있다는 특성을 살려 매번 동생을 초대하기 어려울 때는 동생반에 물놀이대를 빌려줄 수 있다는 점을 알려주었다.

- 인지〉과학〉과학적 기술: 초대 포스터를 통해 전달하고자 하는 내용이 잘 전달되도록 물놀이대 사진을 추가한다.
- 인지〉학습성향〉문제해결에 필요한 창의력: 초대 포스터의 내용과 구성을 창의적으로 표현한다.
- 언어〉쓰기: 전달하고자 하는 내용을 쓰기를 통해 표현한다.
- 사회〉사회적 관계: 동생과의 우호적인 관계를 형성한다.
  동생의 능력을 고려하여 적절한 도움을 제공한다.

# 형님들이 만들고 동생들이 놀이하는 미로

만 5세

| | | |
|---|---|---|
| ▌관심의 시작 | 주변에서 볼 수 있는 미로 | |
| ▌탐구 | 그림으로 그린 미로 | 블록으로 만든 미로 |
| ▌탐구의 확장 | 미로 계획하기 | |
| ▌탐구의 적용 | 미로 만들기 | |
| ▌탐구 결과의 활용 | 동생 초대하기 | |

관심의 시작

# 01 주변에서 볼 수 있는 미로

△ 교실에 있는 책 뒤의 미로 찾기

△ 2013년 9월 잔디데크에 설치되어 있던 미로

**유**아가 언어 영역에서 미로에 관한 책을 보며, 손가락으로 미로의 출구를 찾는 것에 흥미를 보였다. 또한 이화어린이연구원의 잔디데크에 교사가 설치해 놓은 미로에서 놀이한 경험을 기억하였다.

**교**사는 유아의 흥미를 고려하여 미로 관련 도서를 언어 영역에 더 제공해 주었다. 새로운 미로 찾기를 원하는 유아에게는 직접 미로 그림을 그려 주었다.

- 인지〉학습성향〉주도성: 주변 사물에 대해 호기심을 갖고 스스로 더 알아본다.
  알고 싶은 것을 찾는 방법을 안다.
- 언어〉듣기 · 말하기〉표현적 언어: 미로와 관련된 경험을 기억해서 문장으로 말한다.

탐구

# 02 그림으로 그린 미로

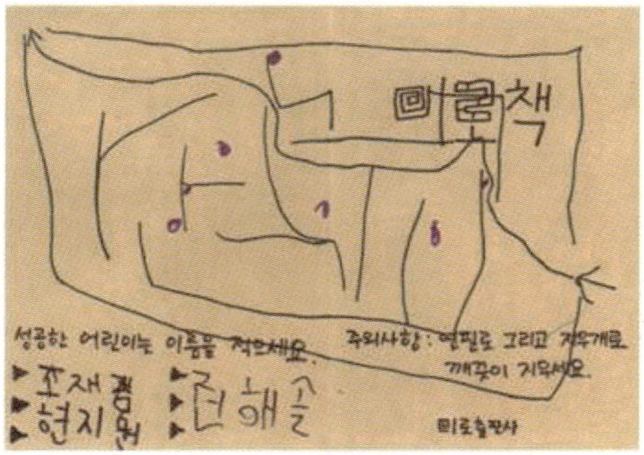


"우리가 만든 미로에요, 어디서 출발하는지 어디가 끝인지 표시해 두었어요."
"보라색 점은 보물이에요. 미로 찾기를 하다가 중간중간에 보물을 발견할 수도 있어요."

미로에 관심이 있던 유아 몇 명이 혼자 또는 함께 책에 나오는 미로와 비슷하게 미로를 그리기 시작하였다. 유아는 미로 찾기에 재미를 더하는 요소로 보물찾기를 생각하였다. 종이에 그린 미로는 입구와 출구만 있고 입구에서 출구로 나갈 수 있는 길이 여러 개였다.

유아가 그려 놓은 미로를 통해 미로에 대한 유아의 이해가 제한적임을 알 수 있었다. 유아는 미로에 입구와 출구가 있어야 함은 이해했지만 출구로 나갈 수 있는 길이 유일한 길이어야 함에 대한 이해는 부족하였다. 미로의 개념을 이해할 수 있게 도와주어야 한다고 판단하였다.

- 언어〉듣기 · 말하기〉표현적 언어: 입구, 출구, 미로, 방향 등 미로와 관련된 어휘를 익힌다.
- 인지〉학습성향〉문제해결에 필요한 창의력: 기능하는 미로를 만들어야 하는 문제를 해결한다.
- 인지〉수학〉공간관계: 위치와 방향을 이해한다.
- 예술〉예술활동에서 창의성: 미로를 더욱 재미있게 만들기 위해 다양한 요소를 고안한다.

탐구

# 02 블록으로 만든 미로

미로에 대한 이해가 있어도 평면인 종이에 미로를 구현하기 어려워하기 때문에 3차원 공간에서 미로를 만들고 직접 다녀봄으로써 복잡한 여러 갈래의 길 가운데 단 하나의 길을 만들 수 있게 지원하였다.

2차원으로 그렸던 미로에서 나타났던 보물찾기가 3차원 공간에서도 계속 이어졌다. 유아는 보라색 공을 미로 속에 숨겨두고 미로를 통과하는 과정에 재미를 더했다.

"우리 벽돌 블록으로 미로를 만들고 직접 탈출해보자."
"미로 속에 보라색 공을 보물로 숨겨두자."
"보물을 찾아야지만 출구가 열린다고 할까?"

- 사회〉사회적 관계: 문제해결 과정에서 또래와 협력한다.
- 언어〉듣기 · 말하기〉사회적 의사소통: 또래와 협력하여 문제를 해결하는 과정에서 의사소통 능력과 의사소통에 필요한 관습을 익힌다.
- 인지〉학습성향〉문제해결에 필요한 창의력: 기능하는 미로를 만들어야 하는 문제를 해결한다.
- 인지〉수학〉공간관계: 위치와 방향을 이해한다.
- 예술〉예술활동에서 창의성: 미로를 더욱 재미있게 만들기 위해 다양한 요소를 고안한다.

탐구

# 02 블록으로 만든 미로

벽돌 블록으로 만든 미로는 살짝 건드리기만 해도 쉽게 망가졌다. 유아는 미로를 복구하는 데 많은 시간을 소요했다.

미로를 복구하는 데 시간이 많이 소요되면 유아가 놀이를 지속하는 데 어려움이 있으므로 튼튼한 미로 만들기에 대해서 유아와 의논할 필요가 있다고 판단하였다.

"잠깐만, 길이 망가졌어. 내가 다시 만들게."

- 사회〉사회적 관계: 문제해결 과정에서 또래와 협력한다.
- 언어〉듣기 · 말하기〉사회적 의사소통: 또래와 협력하여 문제를 해결하는 과정에서 의사소통 능력과 의사소통에 필요한 관습을 익힌다.
- 인지〉학습성향〉끈기: 미로를 복구하는 데 시간이 오래 걸려도 미로놀이를 포기하지 않고 지속한다.
- 인지〉학습성향〉문제해결에 필요한 창의력: 미로놀이 중 발생되는 문제(미로길이 무너짐)에 관심을 가지고 문제해결 방법을 생각해 본다.

탐구의 확장

# 03 미로 계획하기

"벽돌 블록 말고 강당에 있는 할로우 블록을 사용하면 어때요."

"더 튼튼하고 큰 미로를 아뜰리에에 만들어봐요."

"아뜰리에에 큰 미로를 만들면 동생들도 초대할 수 있어요."

"보물을 찾고 미로를 탈출한 동생에게는 선물을 주면 더 즐거울 거예요."

"1분 안에 미로를 통과하면 우리가 그린 그림 선물을 줘요.
남자 동생은 로봇 그림, 여자 동생은 공주 그림을 주면 좋아할 것 같아요."

**유**아 몇 명의 관심에서 시작된 미로 만들기는 3차원 미로를 만드는 과정에서 학급 전반으로 확산되었다. 벽돌 블록으로 만든 미로가 쉽게 무너지는 문제에 대한 해결 방법을 함께 생각하다가 미로놀이 구성에 대한 생각이 확장되었다.

**대**집단으로 실시한 이야기 나누기에서 유아끼리 나눈 이야기는 네 가지로 정리되었다. 네 가지 모두 교육적 가치가 있다고 생각되어 지원하기로 하였다.

1) 튼튼한 미로 만들기

2) 큰 미로 만들기

3) 미로를 만들어 동생들이 놀 수 있게 하기

4) 미로놀이 활성화를 위해 미로를 통과한 동생에게 그림 선물 제공하기(남자 동생은 로봇 그림, 여자 동생은 공주 그림이라는 성별에 따른 보상 제공이 바람직한 것인가에 대해 생각해 볼 여지가 있었지만 이 활동의 초점이 아니었으므로 다음 기회로 미루기로 함)

- 언어〉듣기 · 말하기〉사회적 의사소통: 한 가지 주제에 대해 자신의 의견을 발표하고 다른 사람의 의견을 듣는다.
- 인지〉학습성향〉주도성: 미로 계획이라는 문제해결을 위해 호기심을 유지하며 기획한다.
- 인지〉학습성향〉문제해결에 필요한 창의력: 미로 계획하기라는 문제를 해결한다.

탐구의 적용

# 04 미로 만들기

이야기 나누기를 통해 추진하기로 한 네 가지 중 첫 번째인 튼튼한 미로 만들기와 두 번째인 큰 미로 만들기를 하였다. 할로우 블록은 벽돌 블록보다 무겁고 단단해서 미로가 쉽게 망가지지 않았다. 두 번의 미로 만들기와 이야기 나누기를 통해 유아는 미로의 특성(입구와 출구가 있고 여러 갈래의 길 중 단 하나의 통로가 있음)을 이해하고 있었다.

교사는 유아가 미로의 특성을 이해했기 때문에 동생들이 사용할 미로임을 고려하면서 만들도록 격려하였다. 유아는 동생들의 안전을 위해 미로 넓히기, 동생들에게 적합한 난이도의 미로 만들기, 동생들의 미로놀이를 도울 방법으로 입구와 출구를 눈에 띄게 표시하기를 생각했다.

"동생들이 다치지 않고 지나가려면
길이 좀 더 넓어야 해."

"'ㄱ' 자로 가면 너무 쉽잖아, 'ㄷ' 자나
'ㄹ' 자로 만들어야지 어려워."

"동생들한테 'ㄹ' 자는 너무 어려운 것 같은데."

"입구를 찾아보기 쉽게 화살표로 표시해놓자."

"동생들은 미로에서 빠져나가기 어려울 수 있으니까
우리가 출구에 서 있자."

- 사회〉사회적 관계: 사용할 사람의 특성을 고려하여 제작한다.
  문제해결 과정에서 또래와 협력한다.
- 인지〉수학〉공간관계: 위치와 방향을 이해하고 미로를 만드는 데 적용한다.
- 인지〉학습성향〉주도성: 동생들이 놀이할 수 있는 미로를 만드는 과정을 계획하고 실천한다.

탐구 결과의 활용

# 05 동생 초대하기

동생들을 미로에 초대하기 위해 초대장을 작성하였다. 유아는 글자를 못 읽는 동생들의 흥미를 유발할 수 있도록 초대장에 미로 그림을 크게 그렸다. 동생들은 미로놀이를 해본 경험이 없다고 생각하여 미로놀이 방법을 알리고, 미로놀이를 할 수 있는 장소를 기록했다.

초대장에 들어가야 하는 내용에 대해서는 반 전체가 함께 의논하였지만, 초대장 작성은 원하는 유아끼리 협동하여 작성하도록 하였다. 작은 일 한 가지라도 모든 유아가 참여할 수 있도록 격려하였다.

- 예술〉예술활동에서 창의성: 전달하고자 하는 내용이 잘 전달되도록 그림으로 표상한다.
- 사회〉사회적 관계: 초대 포스터 제작이라는 문제해결 과정에서 또래와 협력한다.
- 언어〉쓰기: 전달하고자 하는 내용을 쓰기를 통해 표현한다.

탐구 결과의 활용

# 05 동생 초대하기

**세** 번째 결정 내용인 미로를 만들어 동생들이 놀 수 있게 하기를 실행하였다. 미로놀이는 한 학급의 놀이에서 연구원 전체의 놀이로 확산되었다.

**동**생을 초대하여 미로에서 놀게 하는 과정에서 유아가 동생들 스스로 길을 찾도록 격려하게 하였다.

• 사회〉사회적 관계: 동생과 우호적인 관계를 형성한다.
동생의 능력을 고려하여 적절한 도움을 제공한다.

탐구 결과의 활용

# 05 동생 초대하기

이야기 나누기를 통해 결정된 네 번째 계획을 실행하였다. 미로를 통과한 동생들에게 그림 선물을 제공하여 동생들의 미로놀이 참여를 활성화시켰다. 이 과정에서 남자 동생은 로봇 그림, 여자 동생은 공주 그림을 좋아할 것이라고 생각한 예솔반의 생각과 달리 여자 동생이 로봇 그림을, 남자 동생이 공주 그림을 선택하는 경우가 있었다.

이 과정에서 좋아하는 그림은 남녀에 따라 구분되는 것이 아니라 개인이 좋아하는 색, 모양 등에 따라 다양할 수 있다는 것을 경험할 수 있다고 판단하였다. 교사는 동생이 원하는 그림 선물을 선택해서 가져갈 수 있도록 제안하였다.

- 사회〉사회적 관계: 동생과의 우호적인 관계를 형성한다.
  성공했을 경우에는 적절한 보상을 제공한다.
- 인지〉학습성향〉주도성: 동생의 미로놀이를 돕고 보상으로 제공하는 과정을 주도적으로 진행한다.

# 별동굴

만 4세

|  |  | |
|---|---|---|
| 관심의 시작 | 공간에 대한 관심 갖기 | |
| 탐구 | 대상지 선정 및 탐색 | |
| 탐구의 확장 | 공간 디자인에 대한 생각 모으기 | |
| 탐구의 적용 | 벽면 꾸미기<br>놀이하기 충분한 밝기의 동굴 만들기<br>놀이시설 설치하기 | 안전한 천장 만들기<br>출입문 만들기 |
| 탐구 결과의 활용 | 사용한 후 휴식 공간으로 바꾸기 | 초대하기 및 놀이하기 |

관심의 시작

# 01 공간에 대한 관심 갖기

**이**화어린이연구원 주변에서 산책을 하던 도중 만 4세 유아는 '동굴처럼 생긴 곳'을 목격하고 동굴에 관심을 갖게 되었다.

"선생님 저기 동굴 같이 생긴 곳 있어요!"
"어! 저기! 저기 안에 토끼랑 개미랑 살아요. 곰도. 그런데 비가 많이 오면 저기에 물이 많아져요. 그래서 물이 나와요."

"동굴 문이 있고, 문으로 들어가면 무지개 문이 있어요. 무지개 문을 들어가면 무지개가 있어요. 유령이랑 유령이 타고 다니는 줄도 있어요."

유아가 동굴 내부 사진을 본 후 찰흙을 이용하여 입체물로 표현한 작품

**교**사는 유아가 자신이 발견한 것을 자유롭게 표상할 수 있도록 지원하였다. 평면으로 표상할 때, 다양한 동굴의 사진자료를 미술 영역에 제시하여 유아가 참고할 수 있도록 하였다. 그러나 동굴은 기본적으로 3차원 공간이기에 평면으로만 표현하기에는 한계가 있어 입체적으로 표상할 수 있는 기회를 마련하고자 하였다. 이에 유아가 입체로 표상할 때, 좀 더 익숙하게 사용할 수 있으며 동굴과 비슷한 느낌이 표현될 수 있는 찰흙을 제공하였다.

**앞**선 활동을 통해 교사가 발견한 유아가 가진 동굴 이미지는 다음과 같다.

- 동굴은 깊고 어둡다.
- 동굴 밖은 해가 비춰 밝다.
- 동굴 안에는 동물이 살고 있다.

- 인지〉학습성향〉주도성: 주변 사물에 대해 호기심을 갖고 스스로 더 알아본다.
  육안으로 관찰하지 못한 동굴의 내부를 추측해 본다.
- 예술〉예술활동에서 창의성: 자신이 관찰한 것을 평면작품 또는 입체물 등 다양한 방법으로 표상한다.

관심의 시작

# 01 공간에 대한 관심 갖기

"여기 우리가 쓰면 어때요?"

동굴을 소재로 한 그림책, 사진 자료를 보면서 유아는 동굴에 대한 관심과 흥미를 지속적으로 보이며 표상활동을 이어갔다. 어느 날 연구원 내를 이동하다가 동굴처럼 어둡고 빈 공간을 발견하고 유아는 흥미를 보였다.

유아가 발견한 곳은 계단 아래와 램프길로 두 군데 모두 다른 용도로 사용하지 않는 빈 공간이며 약간 어두운 특성을 가진 곳이다. 교사는 이 공간에 대한 유아의 관심을 수용하여 어떻게 활용할 수 있을 지 유아와 이야기를 나누어 보았다. 유아는 현재 생활하고 있는 교실이 좁을 때도 있으니 이 공간을 친구들과 함께 놀이할 수 있는 놀이터로 만들어 보자고 제안하였다.

- 인지〉학습성향〉주도성: 주변 사물에 대한 호기심을 갖고 스스로 알아본다.
  문제를 인식하고 해결 방안을 스스로 찾아본다.

## 탐구 02 대상지 선정 및 탐색

버려진 공간의 사용 가능성을 발견한 유아는 계단 아래 공간과 램프길 중 어떤 공간을 꾸밀 것인지에 대해 투표를 하였다. 유아는 두 공간 중에서 더 동굴처럼 보이는 계단 아래 공간을 놀이를 할 수 있는 장소로 꾸미기로 결정하였다.

"천장이 낮아. 엎드려서 들어와야 돼. 조심해!"
"캄캄하니까 동굴 같다!"
"찰흙으로 뱀도 만들고 박쥐도 만들어서 달아 놓자!"
"뱀 같은 건 동생들이 무서워할 수 있어."
"커튼에 달아서 동생들이 올 때는 커튼을 위로 올리면 돼.'
"문은 어때? 이 상자로 문을 만들면 되겠다!"
"조명도 필요해!"

공간을 꾸미기 위한 아이디어를 얻기 위해 대상지로 선정된 계단 아래 공간을 함께 살펴보았다. 탐색을 하면서 공간에 대한 전체적인 느낌과 놀이터로 만들기 위해 필요한 요소에 대해 자유롭게 이야기를 할 수 있게 유도하였다.

유아와의 대화를 통해 교사는 유아가 계단 아래 공간에 대해 다음과 같은 이미지를 가지고 있다고 판단하였다.

- 동굴처럼 어둡다.
- 천장이 낮아 위험하다.
- 놀이를 하려면 동물, 보석, 인형과 같은 놀잇감이 필요하다.
- 여러 사람이 사용할 수 있어야 한다.
- 버려진 것을 재활용하여 필요한 것을 만들 수 있다.

- 인지〉학습성향〉관찰력: 공간을 주의 깊게 살펴보고 특성을 파악한다.
- 언어〉듣기 · 말하기〉표현적 언어: 자신의 생각을 문장으로 말한다.

탐구의 확장

## 03 공간 디자인에 대한 생각 모으기

개별 유아가 만든 설계 모형 ▷

"반짝반짝 빛나는 루비가 바닥에 가득했으면 좋겠어요. 너무 어두우면 심심하니까 루비를 찾으려고 (루비를) 캐는 거에요."

"안으로 들어가는 미끄럼틀이 있어요. 안에는 보물상자가 있고, 더 깊이 들어가면 집도 있어요. 빛이 나는 전등도 있어요. 벽에는 꽃 그림도 있어요."

**계**단 아래 공간을 디자인하는 것에 많은 유아가 관심을 보였다. 유아는 평면의 종이 위에 공간을 어떻게 디자인할 것인지 표상하는 활동에 적극적으로 참여하였다. 유아는 자신의 의견을 말로는 쉽게 표현하지만 그림으로 표상하는데 어려움을 호소하기도 했다.

**교**사는 유아가 대상지를 탐색하며 떠올린 생각을 구체적으로 표현해 볼 기회를 제공하였다. 특히 평면으로 공간을 디자인하는 것에 어려움을 느끼는 유아를 위해 동굴이나 계단 아래 공간과 유사한 상자를 제공하여 입체적으로 디자인해 볼 기회를 주었다. 그리고 사전에 그림으로 디자인한 것을 스티커로 준비해 주어 입체 설계 모형에 스티커를 붙여서 자신의 생각을 표상해 보도록 지원해 주었다.

△ 종이에 그린 설계도

- 예술〉예술활동에서 창의성: 공간을 심미적으로 구성한다.
- 인지〉문제해결에 필요한 창의력: 놀이 공간으로 기능하는 데 필요한 것이 무엇인지 생각해 본다.

탐구의 확장

## 03 공간 디자인에 대한 생각 모으기

△ 집단 축소 모형

유아의 대화, 그림, 축소 모형을 통해 나타난 계단 아래 공간에 대한 유아의 공통된 생각은 다음과 같다.

| | |
|---|---|
| 벽면 꾸미기 | • 페인트로 깨끗하게 칠하고 싶음<br>• 원하는 그림을 그려 꾸미고 싶음<br>• 스티커를 붙여 꾸미고 싶음 |
| 안전한 천장 만들기 | • 천장이 낮아 머리가 부딪혀도 아프지 않도록 푹신푹신한 솜을 붙이고 싶음<br>• 어두운 천장에 빛나는 스티커를 붙이고 싶음 |
| 놀이하기 충분한 밝기의 동굴 만들기 | • 전등이나 불빛이 있으면 좋겠음 |
| 출입문 만들기 | • 양쪽 문이 있으면 좋겠음<br>• 동굴처럼 입구가 동그란 형태면 좋겠음 |
| 놀이시설 설치하기 | • 계단 아래 공간 중 천장이 높은 곳까지 이용할 수 있도록 미끄럼틀, 사다리, 계단이 있었으면 좋겠음 |

유사한 생각을 가진 유아끼리 소집단으로 설계 모형을 제작해 보았다. 이를 통해 여러 사람의 생각을 하나로 모아보는 협동 작업을 해볼 수 있었다. 유아의 공통된 의견을 모아 최종적으로 계단 아래 공간을 어떻게 디자인할지 결정하였다. 공간을 꾸미는 데 필요한 재료는 연구원에 있는 물건을 최대한 활용하기로 하였다.

• 사회〉사회적 관계: 다른 사람의 의견을 존중하며 협력한다.
• 언어〉사회적 의사소통: 문제해결 과정에서 다른 사람과 의사소통하는 데 필요한 능력과 관습을 안다.
• 인지〉문제해결에 필요한 창의력: 놀이 공간으로 기능하는 데 필요한 것이 무엇인지 알고 문제를 해결하기 위해 다양한 시각을 가진다.

탐구의 적용

# 04 벽면 꾸미기

"이쪽은 노란색을 칠하고 이쪽은 연두색을 칠하자."

**학**급에서 정한 의견대로 공간을 꾸미기 시작하였다. 먼저 벽면을 꾸미기 위해 나온 3가지 의견 중 학급 전체의 투표를 통해 '페인트 칠하기'로 결정했다.

**벽**을 어떤 색으로 누가 칠할 것인지에 대해 이야기를 나누고 연구원에 있는 물건을 재사용하기 위해 연구원에 어떤 자원이 있는지 찾아보기로 하였다.

**교**사는 얼마 전에 연구원을 도색하고 남은 페인트를 발견하고 유아에게 알렸다. 노란색과 연두색 페인트를 사용할 수 있으며 이 중에서 어떤 색을 사용할지 고르도록 하였다. 유아는 벽면이 두 개이니 각각 다른 색으로 칠해 보자고 제안하였다. 이 제안에 따라 한쪽 벽은 노란색 다른쪽 벽은 연두색으로 유아가 직접 도색작업을 하였다.

- 언어〉사회적 의사소통: 상대방의 의견을 존중하여 들어주고 자신의 생각을 말한다.
- 인지〉학습성향〉주도성: 문제해결에 필요한 방법을 찾는 데 주도적으로 참여한다.
- 사회〉사회적 관계: 다른 사람과 협력한다.

탐구의 적용

# 04 안전한 천장 만들기

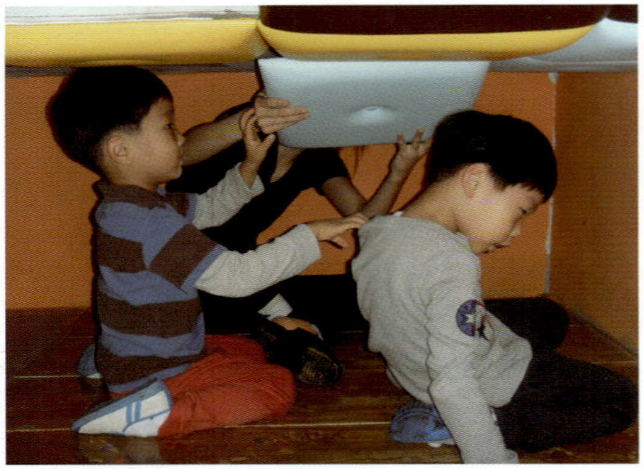

**사**전에 계단 아래 공간을 탐색하면서 머리가 천장에 부딪히는 일이 자주 발생하였다. 유아는 안전한 천장을 만들기 위해 부딪혀도 아프지 않도록 폭신폭신한 솜이나 에어캡을 붙이거나 어두운 천장이 잘 보이도록 반짝이는 별을 붙이자는 의견을 해결책으로 제시하였다.

**교**사는 유아가 눌러서 터뜨리는 놀이용으로 자주 사용하는 에어캡은 터지면 완충재로서의 역할을 할 수 없으므로 부적합하다고 판단하였다. 그래서 유아에게 에어캡을 직접 만져보게 하고 에어캡이 터졌을 때 나타나는 문제점을 함께 살펴보았다. 유아는 에어캡 사용의 부적합성을 이해하고 다른 물건을 생각하기 시작하였다. 그래서 교사는 원내에서 완충작용을 잘 할 수 있는 것이 무엇이 있는지 찾아보도록 유도하였다. 솜, 쿠션, 이불 등 다양한 물건을 찾았지만 천장에 부착하기 어려웠고 완충효과도 크지 않았다. 공간의 높이가 낮기 때문에 두껍지 않고 천장에서 떨어지지 않도록 견고하게 부착할 수 있는 푹신한 물건을 찾아야 했다. 교사는 완충저로 판매되고 있는 쿠션을 찾았고 이를 유아에게 알려 주었다. 유아는 사진으로 물건을 본 후 긍정적인 반응을 보였다. 유아는 벽과 어울리도록 노란색, 하늘색, 갈색의 벽면 부착용 쿠션을 골라 구매하고 직접 천장에 붙여 안전한 천장을 완성하였다.

- 언어〉듣기 · 말하기〉사회적 의사소통: 같은 주제로 자신의 생각을 말하고 다른 사람의 의견을 듣는다.
- 인지〉학습성향〉계획-실행-점검 능력: 문제를 인지하고 해결하기 위해 다양한 방법을 모색하고 실행한다.

탐구의 적용

## 04 놀이하기 충분한 밝기의 동굴 만들기

'동굴'을 생각하고 만든 공간이어서 어두운 공간으로 두려고 하였으나, 계단 아래 공간은 전혀 빛이 들어오지 않는 곳이었다. 유아는 어두운 공간에서는 앞이 잘 보이지 않아 위험하며 놀이하기에도 불편하다는 생각을 하였고 교사에게 전등이 필요하다는 요청을 하였다.

교사는 유아의 요청을 받아들여 공간에 적합한 전등을 찾기 위해 공간을 다시 살펴보았다. 계단 아래 공간에는 전기콘센트가 없기 때문에 건전지로 사용할 수 있는 전등이 필요하며 유아의 손이 닿아도 화상의 위험이 없는 전등을 찾아야 했다. 유아가 적절한 전등을 찾기 어려우므로 교사가 직접 알아보고 사용하기에 적합한 터치등을 구매하였다. 교사는 유아가 전등을 배치해 보며 가장 효과적인 장소가 어디일지 탐구할 수 있게 하였다. 놀이하는 공간에 얼마나 많은 전등이 필요할 지 유아와 함께 고민해 본 결과, 추가로 전등을 구매하였다. 이를 통해 유아는 경제적 소비를 위한 합리적인 의사결정 경험을 할 수 있었다.

- 인지〉학습성향〉계획–실행–점검 능력: 계획을 실행하고 이를 점검하면서 문제를 발견하고 수정한다.
- 사회〉사회과 지식〉경제적 지식: 경제적인 소비 행위에 대해 안다.

탐구의 적용

# 04 출입문 만들기

**유**아는 더욱 즐거운 놀이 공간으로 만들기 위해 동굴 앞에 문을 설치하여 재미있게 드나들 수 있기를 희망했다.

**교**사는 유아와 함께 기관 내에서 문이나 커튼으로 사용할 수 있을 만한 것을 찾아보았다. 교사는 재사용이 가능하다고 판단한 재료 중 목재로 된 문과 커튼을 임시로 설치하여 유아가 놀이를 통해 이 두 가지를 충분히 탐색하고, 사용하는 데 불편함이 있는지 생각해 보도록 했다. 최종적으로 문의 크기와 안정성 등을 고려하여 목재로 된 문을 설치하였다.

- 언어〉듣기 · 말하기〉 사회적 의사소통: 한 가지 주제에 대해 자신의 의견을 발표하고 다른 사람의 의견을 듣는다.
- 인지〉학습성향〉문제해결에 필요한 창의력: 크기, 안정성 등을 고려하여 놀이 공간에 적합한 소품을 선정한다.

탐구의 적용

# 04 놀이시설 설치하기

**계**단 아래 공간 중에서 천장이 낮은 곳에는 동굴을 설치했으니 천장이 높은 곳에는 높은 벽까지 올라갈 수 있는 놀이 시설을 설치하고 싶어 했다.

**유**아는 사다리와 계단, 미끄럼틀이 함께 있는 놀이 기구를 만들 것을 제안했다.

**교**사는 유아의 의견을 수용하여 미끄럼틀과 사다리, 계단이 포함된 놀이기구를 그려 전문업체에 시공 의뢰를 하였다. 그러나 협소한 공간 때문에 의뢰한 놀이기구의 시공이 불가능하다는 소식을 들었다. 교사는 협소한 공간에 설치가능하면서 유아의 요구사항인 상하 이동구조를 가진 놀이시설에 대하여 고민하였다. 유아의 놀이를 관찰하여 유아들이 즐기는 몸의 움직임을 파악하였고, 유아와 지속적으로 이야기를 나누어 새로운 설계안을 고안하였다. 최종적으로 수직 오르기 구조물과 봉을 설치하기로 결정했다. 교사는 유아가 제안한 내용이 실행되는 과정을 참관할 수 있도록 배려했다.

- 언어〉듣기 · 말하기〉사회적 의사소통: 한 가지 주제에 대해 자신의 생각을 말하고 다른 사람의 의견을 듣는다.
- 인지〉수학〉공간관계: 제한적 공간 안에 시설물 설치할 때 공간의 크기를 고려함을 안다.
- 인지〉학습성향〉문제해결에 필요한 창의력: 즐거운 놀이 공간 구성을 위해 다양한 요소를 창의적으로 고안한다.

탐구 결과의 활용

# 05 사용한 후 휴식 공간으로 바꾸기

△ 공간에서 유아가 다양하게 놀이하는 모습

**공**간이 구성된 후, 유아는 벽에 그림을 그리거나 원하는 놀잇감을 가지고 와서 놀이했다. 친구와 담소를 나누며 누워서 휴식을 취하는 곳으로도 이 공간을 활용하였다.

△ 공간 구성을 위해 필요한 소품을 찾아오는 모습

**교**사는 유아가 선호하는 공간 활용 방법을 조사하였다. 유아는 온전히 놀이만을 위한 공간보다는 휴식도 할 수 있는 편안한 공간이었으면 좋겠다고 이야기 했다. 유아의 의견에 따라 계단 아래 공간을 휴식도 할 수 있는 공간으로 재구성하는 방법을 생각해보게 하였다. 유아는 또래와 함께 휴식 공간으로 이용하기 위해 필요한 소품을 생각하고 연구원 내에 있는 푹신한 매트, 쿠션이나 인형을 가져와 좀 더 아늑하고 편안한 느낌을 가진 공간으로 재구성하였다.

- 인지〉학습성향〉주도성: 공간 재구성을 위해 주도적으로 문제해결에 참여한다.
- 인지〉학습성향〉계획–실행–점검 능력: 목적에 따라 적절한 소품을 알고 재구성한다.

탐구 결과의 활용

# 05 초대하기 및 놀이하기

**공**간을 완성한 후 어떻게 활용하면 좋을지 이야기를 나누자 유아는 공간을 모두가 사용할 수 있도록 다른 반 친구들을 초대하고자 하였다. 유아는 여러 사람이 함께 사용하는 곳으로 소개하고 초대하기 위하여 이 공간의 이름이 필요하다는 생각을 하게 되었다. 처음 공간을 디자인할 때 나왔던 의견 중 동굴 같은 공간, 별과 루비를 찾으며 놀이할 수 있는 공간과 연관지어 '별동굴'이라는 이름으로 정하였다. 유아는 초대장과 표시판을 직접 제작하여 기관 내의 모든 유아를 자신들이 디자인한 공간으로 초대하였고 함께 놀이하였다.

**교**사는 유아가 연령을 고려하여 글자를 쓰고 그에 맞는 그림을 그려서 초대장과 표시판을 제작하도록 지원하였다.

△ 초대 받은 유아가 공간에서 놀이하는 모습

- 언어〉쓰기: 내용이 잘 전달되도록 글과 그림으로 표현한다.
- 사회〉사회적 관계: 또래와 협력하여 공동 작업을 수행한다.
  다른 학급, 연령의 또래와 우호적인 관계를 형성한다.

# 굴링굴링 볼링장

만 4세

- **관심의 시작** 큰 블록으로 구성한 찻길에서 시작한 공굴리기
- **탐구** 다양한 크기의 공을 굴려보기
- **탐구의 확장** 복도에 재구성하기
- **탐구의 적용** 울타리 만들기 / 볼링장의 간판, 규칙 포스터 만들기
- **탐구 결과의 활용** 누구나 올 수 있는 볼링장

관심의 시작

## 01 큰 블록으로 구성한 찻길에서 시작한 공굴리기

"잡아주지 마세요!
나 혼자 내려갈 수 있어요!"

"또 주우러 가야 돼!"

"와! 바구니에 골인 시켰어."

**만** 4세 새솔반 유아가 큰 블록으로 만든 찻길에서 차를 타고 내려오는 놀이를 하다 우연히 공을 굴렸고, 그 후 공굴리기에 더 관심을 보였다. 차 대신 공을 굴리던 유아에게 닥친 첫 번째 난관은 공 주우러 다니기였다. 길을 따라 공을 정확히 굴렸는가에 관계없이 떨어진 공을 주워야 했기 때문에 '성공'의 기쁨을 느낄 수 없었다.

**공**을 바로 굴려 길 끝까지 가게 했을 경우에 성공의 기쁨을 누릴 수 있는 방안을 유아와 모색했다. "누가 길 끝에서 받아줘.", "길 끝에 서있다 굴러가면 잡으러 가.", "공이 떨어질 바구니를 놓자." 등의 다양한 전략이 나왔고 가장 편리한 '바구니 놓기'를 선택했다.

- 인지〉학습성향〉주도성: 주변 사물에 대해 호기심을 갖고 스스로 더 알아본다.
- 인지〉학습성향〉호기심: 새로이 접하는 사물과 활동에 관심을 보인다.

탐구

# 02 다양한 크기의 공을 굴려보기

**공**을 주우러 다닐 필요가 없게 된 유아는 공굴리기에 집중하였다. 점차 공굴리기에 익숙해진 후에는 도전의 수준을 스스로 높여 다양한 공을 굴려 보았다. 공이 굴러가는 길이 아래로만 향하는 경사로가 아니고 2/3 지점부터 다시 올라가는 구조였기 때문에 힘 조절이 매우 중요했다.

**유**아는 작은 공은 힘이 약해 멀리 못 간다는 사실을 알아냈고, 큰 공은 멀리 가기는 하지만 방향 조절을 못하면 중간에 떨어진다는 사실을 알아냈다. 교사는 유아가 공의 크기, 굴리는 힘, 방향 간의 관계를 이해한 것을 구체적인 언어로 표현해 주어 과학적 개념이 구체화될 수 있도록 지원하였다. "같은 힘으로 굴려도 큰 공은 멀리 가네!", "큰 공은 방향을 잘못 맞추면 더 빨리 떨어지네."

- 인지〉과학〉물리과학: 물체를 움직이기 위해서는 힘이 필요함을 이해한다.
  물체의 속도, 방향, 거리에 영향을 주는 몇 가지 요인(경사, 공의 크기, 방향)을 이해한다.
- 인지〉과학〉과학적 기술: 관찰과 탐색에 필요한 다양한 도구를 적절히 사용한다.

탐구의 확장

# 03 복도에 재구성하기

**대**근육 활동실에서 즉흥적으로 시작된 놀이여서 다른 학급을 위해 공간을 정리해야 했다. 충분히 놀이할 수 없었으므로 더 놀이하고 싶어 하는 유아가 많았다. 규칙있는 게임을 할 수 있는 연령이고, 물리과학적 지식을 탐구할 수 있는 학습의 기회로 판단되어 학급 옆의 복도에 경사로를 재구성하기로 하였다.

**대**근육 활동실에서 공굴리기에 적극 참여했던 유아들이 경사로를 복도에 재구성하는 일에 참여했다. 교사는 활동에 내재된 과학적 개념, 즉 1) 물체를 움직이기 위해서는 힘이 필요함, 2) 물체의 크기와 힘은 관계 있음, 3) 물체의 속도와 방향을 조절하기 위해서는 의도적으로 힘을 조절해야 함이 구현될 수 있도록 유아와 좁고 길며 경사가 중간에 바뀌는 길을 다시 만들었고, 다양한 크기와 무게의 공을 준비하였다.

• 인지〉과학〉물리과학: 물체를 움직이기 위해서는 힘이 필요함을 이해한다.
물체의 속도, 방향, 거리에 영향을 주는 몇 가지 요인(경사, 공의 크기, 방향)을 이해한다.

탐구의 적용

## 04 울타리 만들기

**유**아는 대근육 활동실에서의 경험을 바탕으로 굴러나가는 공을 막아줄 울타리의 필요성을 인식하고 있었다. 대근육 활동실에서와 달리 공이 신발장 아래로 들어가면 쉽게 꺼낼 수 없었기 때문에 울타리의 필요성이 절실했다.

**교**사는 유아와 함께 어떤 재질로, 어떤 높이로 울타리를 만들어야 공이 굴러나가지 않을지를 중심으로 토론하였다. 유아는 그동안 재활용품을 활용하여 많은 것을 만들어 왔기 때문에 울타리 재료는 재활용품으로 쉽게 결정되었다. 울타리 높이에 대해서는 '높게' 만들자는 의견이 많았는데 울타리는 높은 것이라는 사전 지식이 반영된 결정이었다. 그런데 굴러가는 공을 막을만큼 충분히 높은 재활용품이 많지 않았기 때문에 유아는 다른 해결책을 고안해내야 했다. 유아는 공을 반복해서 경사로에 굴려보며 어느 시점부터 공이 떨어지기 시작하는지, 울타리가 높아야 하는 지점은 어디인지 알아냈다. 그 결과, 시작점에서는 공이 잘 떨어지지 않는다는 사실을 알아냈다. 시작점부터 울타리를 세우지 않고 공의 힘이 줄어드는 경사로의 중간 지점부터 울타리를 세웠다. 중간 지점에서 떨어진 공이 마지막 지점에서 떨어진 공보다 높게 튀어 올랐기 때문에 중간 지점에는 높이가 높은 재활용품을, 마지막 지점에는 높이가 낮은 재활용품을 배치하였다.

- 인지〉학습성향〉주도성: 사물을 조작하며 변화를 관찰한다.
- 인지〉학습성향〉문제해결에 필요한 창의력: 예측한 결과를 토대로 문제를 해결한다.
- 인지〉수학〉공간관계: 위치를 나타내는 용어(안/ 밖, 위/ 아래, 앞/ 뒤 등)를 사용해서 사물의 상대적 위치를 표현한다.

탐구의 적용

# 04 울타리 만들기

볼링장이 설치된 복도는 식당으로 가는 길이었기 때문에 유동 인구가 매우 많았다. 재활용품 울타리는 사람들의 이동을 힘들게 했을 뿐만 아니라 조금만 건드리면 부서졌기 때문에 튼튼하지도 효율적이지도 않았다.

유아와 함께 플라스틱 울타리의 단점에 대해 이야기를 나눈 후 설치와 치우기가 쉬우면서도 튼튼한 다른 울타리를 찾아보기로 하였다. 그 과정에서 접었다 펼 수 있는 큰 책을 울타리로 이용하자는 의견이 나왔지만 유아가 계속 사용하는 책이었으므로 유사한 기능을 하는 울타리를 만들기로 하였다. 유아는 하드보드지를 이용하여 접는 책과 같은 울타리를 만들었다.

- 인지〉학습성향〉계획-실행-점검 능력: 예측한 결과를 토대로 문제를 해결한다.
- 인지〉학습성향〉문제해결에 필요한 창의력: 다양한 관점에서 보이는 반응을 이해한다.

탐구의 적용

# 04 볼링장의 간판, 규칙 포스터 만들기

"쿵하고 떨어지면 공하고 쓰러뜨린 것 하고 함께 모여요."

"중간에 공이 옆으로 빠지면 안돼요!"

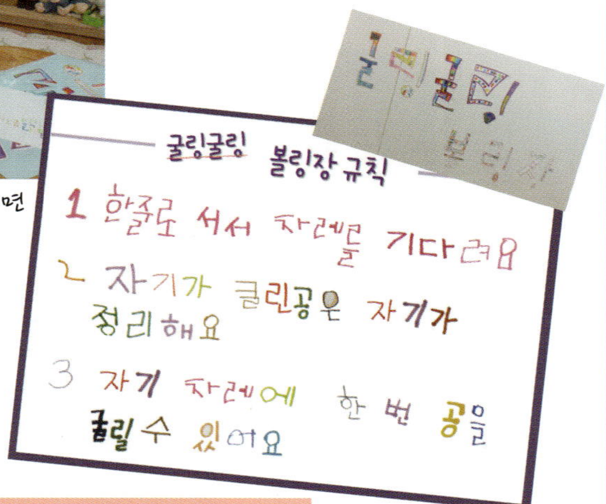


**복**도에 만든 놀이시설이었기 때문에 연구원의 모든 영유아가 사용할 수 있도록 놀이 이름과 놀이 방법을 안내할 필요가 생겼다.

**공**유 공간의 이름을 지어본 과거의 경험을 되살려 놀이의 핵심이 잘 드러나는 이름을 짓도록 유아를 격려하였다. 유아는 세워 놓은 핀을 쓰러뜨리는 것이 놀이의 핵심이 아니었음에도 불구하고 '볼링장'이란 이름을 선호했다. 유아가 선호하는 이유는 좁은 길을 따라 옆으로 떨어지지 않게 공을 굴려야 하고 마지막에는 바구니에 떨어져야 하는 것이 볼링장 레일 위로 공을 굴릴 때 신경 써야 하는 상황과 유사해서였다.

**유**아가 놀이하면서 터득한 전략(예 방향을 잘 잡아 굴린다. 너무 약하면 가다가 옆으로 떨어진다.)을 규칙으로 만들자는 의견도 나왔다. 그러나 놀이하면서 스스로 터득해야 하는 물리적 지식이었기 때문에 일반적인 사용 규칙만 제시하도록 유아를 유도하였다.

- 인지〉학습성향〉주도성: 인지적 노력이 필요한 다양한 활동에 스스로 적극적으로 참여하는 성향을 가진다.
- 언어〉쓰기: 성인에게 자신이 원하는 글자를 받아쓰도록 요청하고 따라 쓴다.
- 사회〉사회적 관계: 간판, 규칙 포스터 제작이라는 문제해결 과정에서 또래와 협력한다.

탐구 결과의 활용

# 05 누구나 올 수 있는 볼링장

**동**생반 영아, 형님반 유아뿐만 아니라 부모님과 교사도 함께 즐길 수 있는 놀이터가 되었다. 유아나 성인에게는 공을 굴리는 방향, 힘, 공의 특성을 모두 고려해야 하는 도전적인 놀이었고, 영아에게는 다양한 특성의 공을 탐색해 보고, 굴려보고, 주우러 다니고, 다시 담아볼 수 있는 즐거운 놀이터였다.

- 사회〉공동체에서 역할 수행: 활동 시 지켜야 할 규칙을 의논하고 정한 후, 이를 준수한다.
- 사회〉자아 인식 및 존중: 자신의 능력을 인식하고 타인에게 발휘했을 때 만족감과 긍정적 시각을 가진다.

숨기고 찾는

# 보물찾기 놀이터

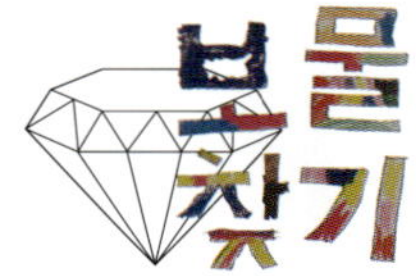

만 3세

| | | |
|---|---|---|
| ▎관심의 시작 | 교실 재구성하기<br>숨기고 찾는 놀이의 발견 | 공간 바꾸기 |
| ▎탐구 | 놀이가 지속되게 하기 위한 전략 | |
| ▎탐구의 확장 | 놀이를 더 재미있게 할 수 있는 전략 찾기 | 놀이하기 위해 필요한 것 |
| ▎탐구의 적용 | 놀이 공간으로 만들기 | |
| ▎탐구 결과의 활용 | 다른 반 초대하기 | |

보물찾기

## 관심의 시작

# 01 교실 재구성하기

**만** 3세 학급의 유아는 재활용품 상자를 활용해서 쌓기놀이를 하다가 정리 시간에 상자를 어디에 정리할지 고민하기 시작했다. 교사는 교구장의 한쪽 칸을 비워 유아가 상자를 교구장에 정리하도록 했다. 그 이후부터 유아는 쌓을 수 있는 재활용품으로 쌓기를 시도했고 쌓기놀이 영역에 재활용품을 가져다 두기 시작했다.

△ 재활용품으로 쌓기놀이하기

△ 교구 찾아와 영역 구성하기

**교**사는 유아가 생활하는 공간을 직접 구성하도록 하면 유아가 주도성과 책임감을 기를 수 있을 것이라 생각했다. 유아에게 재활용품 상자 이외의 다양한 쌓을 수 있는 물건을 가지고 쌓기놀이 영역을 구성해보도록 격려했다. 이 과정에서 유아는 스스로 놀잇감을 채워 넣고 공간을 구성하는 데 흥미를 가졌을 뿐만 아니라 쌓기놀이 자체에 대한 흥미도 높아져 더 다양한 놀이가 이루어졌다.

**교**사는 다른 영역도 유아와 함께 공간을 구성해 나갔다. 기관 내 다른 활동실이나 자료실에서 교실에서 사용할 악기나 역할놀이 소품을 찾는 과정에 유아를 참여시켰다.

- 인지〉학습성향〉주도성: 놀이하고 생활할 공간을 직접 구성한다.
- 사회〉자아 인식 및 존중: 자신이 한 일에 대해 만족감을 느낀다.
- 인지〉수학〉공간관계: 공간관계에 대한 용어를 사용한다.

보물찾기

관심의 시작

# 01 공간 바꾸기

"그런데 여기에는 왜 양만 있어요?"
"동생들이 싸우면 어떻게 해요."
"교실에 강아지 인형 가지고 오면 안 돼요?
여기 책이랑 똑같은 강아지인데."

"저기 위에 두면 안 돼요."
"날아가는 거 같을 거예요."
"동생이 보면 좋아할 거 같아요."

**만** 3세 학급은 연구원 공유 공간 중 1층 복도와 서가를 맡아 관리하고 있었다. 유아는 식물 돌보기 정도의 소극적인 역할만 했고, 물건을 배치하거나 공간을 바꾸는 일은 교사가 주도적으로 하고 있었다. 교사는 교실과 마찬가지로 연구원이 공동으로 사용하는 공간을 구성하고 관리하는 데 유아가 주도적으로 참여할 기회를 제공하기로 하였다.

**교**사와 함께 복도와 서가에 있는 물건의 위치를 바꾸던 유아는 인형을 더 많이 가지고 와서 1층을 지나가는 다른 반 유아도 가지고 놀게 하고 싶다고 이야기했다. 책을 볼 수 있는 서가에 인형을 두면 인형극과 같은 놀이를 통해 유아가 말하기를 할 수 있는 기회가 많아질 것이므로 의미 있다고 판단했다. 교사는 유아와 함께 연구원에 보관되어 있는 인형을 찾아왔다. 그리고 이를 유아가 생각하는 대로 서가 내에 배치해보게 하였다.

**한** 유아는 인형을 꽃 모양의 전등 위에 올려두고 싶다고 말했다. 교사가 이유를 묻자 유아는 인형이 구름을 타고 날아가는 상상에 대해 이야기했다. 인형을 전등 위에 두는 것은 다른 유아가 가지고 놀게 하겠다는 원래의 목적과는 다르지만, 바닥에만 배치하려고 했던 다른 유아와는 달리 위의 공간까지 활용하는 유아의 시도가 의미 있다고 생각했다. 또한 가지고 놀 수 있는 인형의 수가 많았기 때문에 인형 하나는 유아 생각대로 높은 곳에 두어 다양한 상상을 해보도록 격려하고 싶었다.

- 인지〉학습성향〉주도성: 공간을 활용하는 데 적극적으로 참여한다.
- 인지〉수학〉공간관계: 위, 아래, 안, 밖, 옆 등 공간관계를 이해하고 물건의 위치를 옮긴다.

보물찾기

관심의 시작

# 01 숨기고 찾는 놀이의 발견

**소**집단으로 인형을 찾아와 배치했기 때문에 유아 A가 전등 위에 인형을 올려둔 것을 보지 못한 유아가 많았다. 마침 유아 모두가 줄을 서서 서가 옆을 지나가는 일이 있어 유아 A는 친구에게 인형이 구름을 타고 있다고 설명했다. 하지만 다른 유아는 인형이 어디에 있냐고 되물으며 찾지 못했다. A는 손으로 입을 가리고 작게 웃으며 어디에 있는지 찾아보라고 제안했다.

△ 위치를 바로 알려주는 유아

"얘들아. 인형 어디 있게?"
"여기 있어! 저기 위에. 몰랐지."

△ 한 장소에 여러 인형을 숨긴 유아

"선생님, 난 여기 숨겼어요. 이쪽으로 와 보세요. 여기예요."
"어디? 나도 같이 숨기자."

**교**사는 인형의 위치를 모르는 유아와 함께 찾기 놀이를 시작했다. 하지만 서가에 들어가 놀이를 시작하자마자 A는 친구들이 찾기를 기다리지 못하고 인형의 위치를 바로 알려주었다. 너무 빨리 끝나 아쉬워하는 유아를 위해 교사는 역할을 바꾸어 유아 몇 명이 인형을 숨기고 다른 유아들이 찾아보도록 놀이를 제안했다. 숨기고 찾는 놀이를 하면서 여러 명의 유아가 같은 공간에 놀잇감을 숨기거나, 친구가 찾는 것을 기다리지 않고 인형이 숨겨진 장소를 알려줘서 놀이가 지속되지 못하는 것을 관찰하였다.

**유**아는 여러 명이 함께 숨기고 찾는 놀이를 할 때 놀이가 지속되기 위해 지켜야 할 규칙이 무엇인지 확실하게 알고 있지 않았다. 그러나 교사가 친구가 찾을 때까지 기다려주자고 제안하자 규칙을 지키고자 노력하는 모습을 보였고 놀이도 활성화되었다. 숨기고 찾기 놀이의 규칙에 대해 알아보는 과정에서 유아들이 타인조망을 경험할 것이라 판단하였다.

- 사회〉사회적 관계: 또래와 같은 주제의 놀이를 한다.
- 사회〉공동체에서 역할 수행: 놀이 시 정해진 약속을 준수하고자 노력한다.
- 인지〉수학〉공간관계: 위, 아래, 안, 밖, 옆 등 공간관계를 이해하고 물건의 위치를 옮긴다.

탐구

# 02 놀이가 지속되게 하기 위한 전략

**유**아끼리 서가에서 숨기고 찾는 놀이를 본격적으로 시작했다. 놀이에 대한 흥미는 높았지만 숨기는 유아가 금방 찾을 수 있는 곳에 숨겼기 때문에 놀이가 길게 지속되지 않아서 아쉬워 했다.

"너무 빨리 끝났어요."
"자꾸 알려주지 말라고."
"선생님, 얘가 자꾸 말해줘요."

"우리 숨기기 놀이 같이 해요."
"형님이 숨겨놓으면 우리가 찾으러 갈게요."

**놀**이가 길게 지속될 수 있는 방법을 함께 찾아보기로 했다. 놀이가 빨리 끝난 이유를 묻자 유아는 다른 친구가 알려줘서 빨리 끝났다고 이야기했다. 숨긴 사람이 알려주면 안 된다는 놀이의 원리를 스스로 발견했기 때문에 교사는 놀이의 첫 번째 전략, 즉 숨긴 사람은 찾는 사람에게 위치를 알려주지 않는다는 규칙을 만드는 것을 제안했다.

**하**지만 유아는 같은 공간에 여러 인형을 숨겨 놀이가 금방 끝난다는 것은 인지하지 못했다. 교사가 숨길 때 다양한 공간에 숨겨 보도록 안내하기도 했으나 교사가 안내한 공간에만 또 여러 개의 인형을 숨겼다. 이에 유아보다 수준이 높은 만 5세 유아가 어떻게 숨기는지 관찰하면 한 장소에 여러 개의 인형을 숨기는 자신의 놀이 모습과 비교할 기회가 되리라 판단했다.

- 언어〉듣기 · 말하기〉표현적 언어: 자신의 경험과 생각을 이야기로 전달한다.
- 사회〉사회적 관계: 또래와의 상호작용에 필요한 사회적 기술(부탁)을 알고 적용한다.
- 인지〉학습성향〉문제해결에 필요한 창의력: 놀이에서 발생한 문제를 해결할 방안을 찾아본다.

보물찾기

탐구

# 02 놀이가 지속되게 하기 위한 전략

**만** 5세 유아를 놀이에 초대하고 인형을 숨겨달라고 부탁했다. 만 5세 유아는 만 3세 유아가 숨겨보지 않았던 다양한 공간에 인형을 숨겼다. 특히 교사가 생각한 대로 넓은 공간을 모두 활용하여 곳곳에 인형을 숨겨서 만 3세 유아는 훨씬 재미있게 숨기고 찾는 놀이를 할 수 있었다.

"너무 시시해."
"재미없어요."
"여기에 다 들어있던데요."

"내가 첫 번째로 의자 밑에 놨는데 애들이 다 나 따라했어요."
"저도요. 친구가 자꾸 따라와요."

**만** 3세 유아가 한 장소에 여러 개의 물건을 숨기는 것을 문제로 인지했는지 알아보기 위해 역할을 바꾸어 놀이하기로 했다. 하지만 유아는 여전히 의자 아래, 책장 안에 3~4개의 인형을 모아서 숨겼다. 만 5세 유아는 찾기를 시작하자마자 인형을 모두 찾아왔고 시시하다고 이야기했다. 만 5세 유아와 만 3세 유아가 모두 모여 이야기하는 시간을 마련했다. 교사가 만 5세 유아에게 왜 시시했는지를 묻자 유아는 한 공간에 인형이 모두 모여 있어 찾기 쉬웠다는 이야기를 들려줬다.

**유**아가 형님이 알려준 놀이 방법의 오류를 어떻게 받아들였는지 궁금했다. 이야기 나누기를 통해 놀이에 적극적으로 참여한 유아가 자신이 처음 숨긴 곳에 친구들이 자꾸 숨겨서 쉽게 찾은 것이라고 억울하다는 듯이 이야기했다. 이 이야기에 공감하는 유아 몇 경도 같은 이야기를 했고 놀이의 두 번째 전략, 즉 다른 유아가 인형을 숨긴 장소에는 같이 숨기지 않는다는 규칙에 대해 이야기했다.

- 인지〉학습성향〉관찰력: 알고자 하는 것을 주의 깊게 관찰한다.
- 언어〉듣기 · 말하기〉표현적 언어: 가장 기억에 남는 사건을 말로 표현한다.
- 언어〉듣기 · 말하기〉수용적 언어 이해: 다른 사람의 이야기를 듣고 내용을 이해한다.
- 인지〉학습성향〉문제해결에 필요한 창의력: 놀이에서 발생한 문제를 해결할 방안을 모색한다.

탐구의 확장

## 03 놀이를 더 재미있게 할 수 있는 전략 찾기

**다**음에 놀이했을 때는 유아가 정한 두 가지 규칙을 서로 알려주며 놀이했다. 놀이가 지속되는 시간도 길어졌고 유아의 흥미도 높아졌다. 또한 서가가 아닌 교실에서도 유아끼리 역할을 나누어 놀잇감을 숨기고 찾는 놀이를 반복했다. 교실에서는 인형이 아닌 모형 곤충, 방울 악기, 퍼즐 조각 등을 숨겼다. 그 중에서도 작은 모형 곤충을 교실에 숨겼을 때 찾기가 어렵다는 것을 발견했다.

"내가 숨길게. 눈 감고 열 세."
"다 숨겼다. 보물 찾아봐. 보물은 개미야."
"찾는다. 냉장고 안에 있는 거 아니야."
"못 찾겠다. 너무 어려워."

**교**사의 개입 없이 정해진 규칙을 지켜야 하며 숨기고 찾는 역할도 구분해야 하는 놀이를 지속하는 것이 의미 있었다.

**유**아는 모형 곤충도 서가에 숨겨보고 싶어 했다. 크기가 작은 놀잇감을 활용하면 놀잇감을 찾기 위해 전략을 더 많이 활용해야 하므로 의미가 있다고 판단했다. 처음에는 5마리의 모형 곤충을 숨겼는데 크기가 작아 유아는 책과 책 사이, 화분 사이의 틈, 돌멩이 사이까지 찾아야 했다. 크기가 큰 인형을 숨겼을 때보다 유아는 숨기는 데도 찾는 데도 훨씬 높은 흥미를 보였다. 유아는 곤충 모형을 숨기면 형님도 찾지 못할 거라는 자신감을 보였고 다시 한 번 만 5세 유아를 초대하여 놀이하기로 했다.

- 언어〉듣기 · 말하기〉표현적 언어: 자신의 경험과 생각을 이야기로 전달한다.
- 사회〉사회적 관계: 또래와 간단한 규칙이 있는 놀이를 한다.
- 인지〉학습성향〉주도성: 놀이에 대한 여러 가지 아이디어를 제시한다.

보물찾기

탐구의 확장

# 03 놀이하기 위해 필요한 것

△ 모형 곤충으로 만 5세 유아와 숨기고 찾기 놀이하기

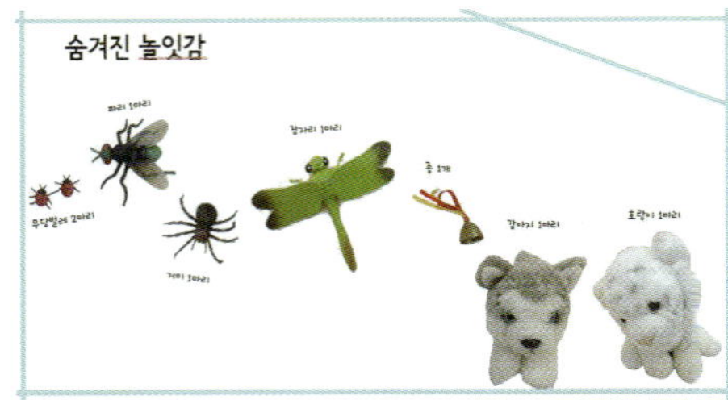


△ 숨겨진 놀잇감을 표시하는 표시판

**만** 5세도 모형 곤충을 숨겼을 때는 찾는 것을 어려워 했다. 이 모습에 만 3세 유아는 놀이에 더욱 자신감을 얻었다. 그런데 숨긴 모형 곤충 1개가 분실되는 문제가 생겼다. 또한 어떤 종류의 곤충 모형을 숨겼는지도 기억하지 못해 결국 찾지 못하게 되었다.

**교**사는 유아와 어떻게 하면 숨긴 놀잇감이 분실되는 것을 막을 수 있을지 생각해보기로 했다. 유아는 다 기억하자는 의견, 사진을 찍어두자는 의견을 내었고, 교사는 사진을 찍어 벽면에 숨겨진 놀잇감을 표시하는 판을 제시하는 것으로 의견을 종합했다.

**숨**기는 놀잇감을 모두 모형 곤충으로 하면 좋을지에 대한 의견도 나누었다. 유아는 동생은 곤충을 찾기 어렵다고 이야기하여 동생이 좋아하는 인형과 모형 곤충 등 여러 놀잇감을 섞어 숨겼으면 좋겠다고 이야기했다.

- 언어〉듣기 · 말하기〉표현적 언어: 자신의 경험과 생각을 이야기로 전달한다.
- 인지〉학습성향〉문제해결에 필요한 창의력: 놀이에서 발생한 문제를 해결할 방안을 모색한다.

# 탐구의 적용 04 놀이 공간으로 만들기

**교**사는 사진을 찍어 숨겨진 놀잇감을 표시하는 판을 만들면서 그동안 유아가 놀이하며 놀잇감을 숨긴 장소의 사진을 모아 책으로 제시했다. 유아는 숨은 그림 찾기 책처럼 사진 속 숨겨진 물건을 찾으며 책 보기를 즐겼다.

"여기에 뭐가 숨겨져 있어요."
"개미는 형님이 숨겼던 건데, 어디 있어요?"
"여기 있다! 여기! 그런데 너무 똑같아서 안 보였어요."
"여기에 무당벌레 몇 마리 있게?"
"블록 안에 들어있다고요? 하나도 안 보여요."
"다음에 여기에 숨겨야겠다."

**유**아는 책을 보며 자신이 숨긴 것에 대해 분석하기 시작했다. 개미는 풀에 살아야 하기 때문에 풀 사이에 뒀다고 설명하거나 의자 밑이 깜깜하여 보이지 않았다는 경험을 이야기했다. 처음 놀이를 시작할 때 한 공간에 인형을 모두 넣어두었던 사진을 보고는 이렇게 하면 너무 쉽다며 웃었다. 유아가 책을 보며 숨기는 장소에 따른 난이도에 대해 이야기하고 있는 것을 발견한 교사는 어떻게 숨겼을 때 찾기가 어려웠는지에 대해 이야기를 나눴다. 유아가 발견한 숨기기 전략은 다음과 같다.

1) 크기가 작을수록 찾기 어렵다.
2) 닫힌 공간 안에 숨기면 보이지 않는다.
3) 숨기는 물건의 색과 유사한 색이 있는 장소에 숨기면 찾기 어렵다.

**교**사는 유아가 발견한 숨기기 전략을 실제 놀이에 사용하기를 바랐다. 따라서 유아가 발견한 것을 교사가 말로 구체화하며 상호작용하고, 위 전략을 사용해 숨긴 사진을 책에 추가했다.

- 언어〉읽기: 인쇄물의 기능을 안다.
- 언어〉듣기 · 말하기〉표현적 언어: 자신의 경험과 생각을 이야기로 전달한다.
- 인지〉수학〉공간관계: 개폐의 개념을 이해하고 놀이에 적용한다.
- 인지〉학습성향〉주도성: 놀이에 대한 여러 가지 아이디어를 제시한다.

탐구의 적용

## 04 놀이 공간으로 만들기

**유**아는 숨기고 찾기 사진책을 보며 이 책을 서가에 두어 다른 사람도 봤으면 좋겠다고 이야기하였다. 또 동생이 와서 숨기고 찾기 놀이하는 모습을 보고 만 2세 학급에서 함께 놀이하자는 제안도 했다.

△ 간판 만들기

**만** 5세, 만 2세 학급뿐만 아니라 숨기고 찾는 놀이는 연령에 상관없이 할 수 있는 놀이라고 생각했다. 이에 서가를 다른 학급에서도 놀이할 수 있는 장소로 구성하고, 부르기 편하면서 공간의 특성을 반영한 이름을 만들어 공간을 홍보할 필요성을 느꼈다. 유아에게 서가의 새로운 이름을 정하자고 제안했고, 유아는 보물찾기 했던 경험을 연상하며 '보물찾기 놀이터'라는 의견을 제시했다. 유아와 함께 간판을 제작하여 서가 공간이 보물찾기를 할 수 있는 공간이 되었음을 알렸다. 또 숨기고 찾기 사진책을 서가에 제시해서 여러 명이 숨기고 찾는 놀이를 하지 않아도 책을 통해서 찾기 놀이를 할 수 있도록 했다.

- 인지〉학습성향〉주도성: 새로운 공간을 만드는 데 주도적으로 참여한다.
- 사회〉사회과 지식〉사회 · 심리적 지식: 다른 사람에게 정보를 전달하는 간판의 기능을 인식한다.
- 사회〉사회적 관계: 놀이 공간으로 만드는 데 필요한 물건을 협력하여 찾아낸다.

보물찾기

## 탐구 결과의 활용

# 05 다른 반 초대하기

서가에 유아가 생각한 것을 추가한 후 만 2세 동생을 초대해 숨기고 찾기 놀이를 했다. 놀잇감을 숨긴 곳을 직접 알려주지 않고 동생이 찾을 때까지 기다려주자는 전략, 한 장소에 하나씩 숨기는 전략을 유아 스스로 지켰다. 또한 동생이 숨길 차례에는 이 전략을 동생에게 설명했다. 유아는 다 찾고 기뻐하는 동생을 보며 누가 시키지 않아도 박수를 쳐주고 함께 기뻐했다.

여러 명이 같은 주제로 놀이하기가 어려운 만 3세 유아가 간단한 규칙을 생각해내며 다 함께 놀이하는 경험을 할 수 있었다. 또한 전략이 필요한 놀이가 있음을 알고 놀이 대상의 연령에 따라 전략이 다름을 알게 되었다.

- 정서〉감정인식: 다른 사람의 감정에 공감한다.
- 사회〉자아 인식 및 존중: 상황에 적절하게 감정을 표현한다.
- 인지〉학습성향〉주도성: 또래와의 놀이에서 주도적인 역할을 한다.
- 인지〉학습성향〉끈기: 놀이의 진행을 위해 욕구를 조절하고 인내한다.

# 반짝이 불빛 놀이터

만 3세

| | | |
|---|---|---|
| **관심의 시작** | 어둠, 그림자 찾아보기 | |
| **탐구** | 그림자가 생기는 이유 알아보기 | |
| **탐구의 적용** | 다양한 그림자가 생기는 조건 만들어보기 | |
| **탐구 결과의 활용** | 그림자를 이용해 극놀이하며 동화 만들기<br>공유 공간 꾸미기 | 그림자를 이용해 만든 동화<br>반짝이 불빛 놀이터에서 놀이하기 |

관심의 시작

# 01 어둠, 그림자 찾아보기

"깜깜한 밤이 되었어!"

"내가 이렇게 하니까 그림자가 달라졌어."

**아**주 흐린 날 낮잠을 자기 위해 블라인드를 내렸을 때 교실이 캄캄해지는 것을 발견했다. 어두운 밤이 되면 어떻게 될지 상상하고 밤하늘에서 빛을 내는 것은 무엇인지 떠올리면서 어둠과 빛에 관심을 가졌다.

**교**사는 어둠에 대한 유아의 인식 수준을 확인하기 위해 교실이 어두워진 이유를 물었다. 유아는 블라인드를 쳤기 때문이라고 대답했고 교사는 블라인드를 걷었을 때, 즉 햇빛이 있을 때도 생기는 어둠은 없는지 찾아보자고 제안했다. 유아는 자신의 그림자를 어둠이라고 이야기했고 몸 형태나 취하는 자세에 따라 다른 그림자가 나타난다고 말했다. 교사는 유아가 그림자의 원리를 스스로 찾아볼 수 있도록 손전등과 다양한 형태의 사물을 제시했다.

- 인지〉학습성향〉주도성: 주변 상황에 호기심을 갖고 스스로 더 알아본다.
- 인지〉과학〉물리과학: 물체의 모양에 따라 그림자의 모양이 변한다는 것을 인식한다.

탐구

# 02 그림자가 생기는 이유 알아보기

유아는 교실 안팎에서 다양한 그림자를 만들거나 찾아보았다. 그림자를 만들어 보던 중 어두운 공간(블라인드를 치고 불을 끈 캄캄한 교실)에서는 그림자가 생기지 않음을 발견하고 그림자가 생기기 위해서는 빛이 있어야 함을 인식했다.

"뒤를 돌면?" "지금 있는 빛은 햇빛!"

교사는 그림자가 생기는 이유를 유아가 생각해보게 하기 위해 유아가 발견한 그림자와 그림자가 있는 환경을 촬영했다. 유아는 사진을 보면서 밝은 곳에서는 햇빛이나 형광등이, 어두운 곳에서는 손전등이나 그 밖의 빛을 내는 것들이 어떤 사물에 가로막혔을 때 그림자가 만들어진다고 말했다.

이후에는 그림자가 생겼을 때 그림자 반대 방향에 위치한 빛의 근원지를 찾아보면서 그림자를 만들 수 있는 빛에는 햇빛, 달빛, 손전등 빛, 형광등 빛, 비상등 빛 등이 있음을 알아냈다.

- 인지〉과학〉물리과학: 빛의 근원지와 표면 사이에 물체를 놓으면 그림자가 생성됨을 인식한다.
  다양한 빛의 근원지를 찾는다.

탐구 02

# 그림자가 생기는 이유 알아보기
## : 다양한 그림자를 만들기 위한 조건

그림자를 관찰하던 유아는 교실 안에 있는 형광등 불빛 아래에서는 바닥 가까이에 물체를 대어야 그림자가 분명하게 나온다는 것을 발견했다. 창틀에 올려놓은 장식품의 그림자는 원래 길이보다 길게 나타나는 것도 발견했다. 그물 모양의 종이는 구멍 뚫린 곳을 제외한 부분에 그림자가 생김을 관찰했다. 또 유아는 잔디광장(밝은 곳)에서 손전등 빛을 비추었을 때보다 데크(어두운 곳)에서 빛을 비추었을 때 빛이 잘 보이고 그림자 형태가 분명함을 알아냈다.

"빛 여기 있어."
"잘 안 보이는데?"

- 인지〉학습성향〉호기심: 한 가지 물체에서 다양한 그림자가 만들어지는 이유에 대해 호기심을 가진다.
- 인지〉과학〉물리과학: 다양한 그림자를 만들 수 있는 조건(빛의 방향, 빛의 근원지와 사물의 거리 등)을 인식한다.

## 탐구 02 그림자가 생기는 이유 알아보기
### : 다양한 그림자를 만들기 위한 조건

**교**사는 유아가 다양한 그림자가 만들어지는 이유에 대해 알아볼 수 있도록 다음과 같이 지원했다.

1) 물체를 놓는 방법: OHP를 이용해 사물을 다양한 방법으로 놓고 유아가 어떤 물체의 그림자인지 예측해 보도록 했다. 유아는 그림자를 보면서 '바나나가 옆으로 놓여 있음', '긴 레고 블록이 옆으로 놓여 있음'을 예측했다. 이때 교사는 유아가 방향에 따라 형태를 분명히 알 수 있는 물건들(연필, 레고, 역할놀이 음식 재료)을 사용했다.
2) 빛의 방향: 손전등을 이용해 빛의 방향에 따라 그림자의 모양, 크기, 길이가 달라짐을 관찰할 수 있도록 지원했다.
3) 교실 같이 어두운 곳에서는 배경이 되는 교실의 밝기나 빛 자체의 밝기에 따라 그림자의 분명한 정도가 달라지고, 실외 같이 밝은 곳에서는 물체와 지면과의 거리에 따라 그림자의 분명한 정도가 달라짐을 알아냈다.

**유**아는 다양한 그림자가 생기는 이유를 알아보는 과정에서 분명한 그림자를 만드는 것을 선호했다. 교사는 유아가 분명한 형태가 드러나는 그림자를 만들 수 있도록 빔 프로젝터를 제시하기로 했다.

"가까이 대니까 더 잘 보인다."

- 인지〉학습성향〉호기심: 한 가지 물체에서 다양한 그림자가 만들어지는 이유에 대해 호기심을 가진다.
- 인지〉과학〉물리과학: 다양한 그림자를 만들 수 있는 조건(빛의 방향, 빛의 밝기, 빛의 근원지와 사물의 거리 등)을 인식한다.

탐구의 적용

## 03 다양한 그림자가 생기는 조건 만들어보기: 크기와 모양

**유**아는 빔 프로젝터 앞에서 자신의 신체를 이용해 분명한 형태의 그림자를 만들어냈다. 그림자를 관찰하면서 빛과 가까이에 물체가 있을 때는 벽이 가득 찰 정도의 큰 그림자가 생기고 벽에 가까이 갈수록 실물과 똑같은 크기의 그림자가 만들어지는 것을 발견했다.

**동**화를 들은 후에는 빛과 손의 거리를 조절해 다른 유아의 그림자와 겹쳐지는 효과를 내거나 손으로 다양한 형태의 그림자를 만들었다. OHP 동화 자료를 직접 조작하면서 자료의 특성(모양, 막힌 부분과 뚫린 부분)이 어떻게 그림자로 나타나는지 관찰했다.

**교**사는 유아가 크기가 다른 그림자뿐만 아니라 신체의 형태, 사물의 형태를 이용해 다양한 그림자를 만들어볼 수 있도록 손가락 그림자 동화와 OHP 동화를 들려주었다. 유아는 동화의 내용을 회상하면서 손으로 그림자 모양을 만들어 보았다. 이를 통해 교사는 유아가 그림자의 형성 원리를 이해했다는 것을 알 수 있었다.

**동**화를 들으면서 색이 있는 그림자는 어떻게 만들었는지 궁금해 하는 유아가 생겼다. 교사는 유아가 색이 있는 그림자를 만들어 볼 수 있도록 여러 가지 모양의 구멍이 뚫린 종이와 셀로판지를 제시했다.

- 인지〉과학〉물리과학: 물체와 빛의 근원지 간의 거리를 조절해 그림자의 크기를 변화시킬 수 있음을 인식한다.
- 인지〉학습성향〉호기심: 동화에 등장하는 그림자들을 만드는 방법에 대해 호기심을 가진다.

탐구의 적용

# 03 다양한 그림자가 생기는 조건 만들어보기: 색

**유**아는 자신이 만들고 싶은 색과 모양을 골라 그림자판을 만들었다. 색 셀로판지를 댄 그림자 판을 빔 프로젝터 앞에 놓자 색이 있는 그림자가 만들어졌고 빨간색은 화난 공룡, 초록색은 초식 공룡이라고 이야기하면서 놀이에 활용했다.

**유**아는 색이 있는 그림자를 이용해 놀이하던 중 '무지개색'을 만들고 싶다고 말하면서 교사에게 도움을 청했다.

**교**사는 무지개색을 만들 수 있는 방법을 질문한 뒤 유아들이 생각한 방법으로 함께 실험해 보았다.

1) 셀로판지를 일렬로 나열하기: 빛이 비추는 부분의 셀로판지 색만 벽면에 나타났다. 교사는 셀로판지를 배열하는 새로운 방법에 대해 질문했다.
2) 여러 색의 셀로판지를 모두 모아 빛 앞에 놓기: 여러 색이 합쳐져 벽면에 아무 색도 비추지 않게 되었다. 교사는 다시 빛 앞에 모든 셀로판지 색이 나올 수 있는 방법에 대해 질문했다.
3) 빛이 나오는 렌즈의 크기에 맞게 셀로판지 배치하기: 무지개색의 그림자가 만들어졌다.

- 인지〉과학〉물리과학: 빛이 어떤 물질을 통과할 때 색깔이 변화함을 인식한다.
- 인지〉학습성향〉주도성: 여러 가지 색이 있는 빛을 만들기 위한 방법을 실험하고 결과를 관찰한다.

탐구의 적용 03

# 다양한 그림자가 생기는 조건 만들어보기 : 투명성과 불투명성

**셀**로판지를 이용해 색깔이 있는 그림자를 만들던 유아는 빔 프로젝터에 빨간 시트지를 대보며 왜 빨간색 그림자가 생기지 않는지 궁금해 했다.

**교**사는 유아가 빛이 통과하는 재질을 구분하기 위해 빨간 그림자를 만들 때 썼던 붉은 셀로판지와 시트지의 다른 점을 함께 탐색해 보도록 하였다. 유아는 자신의 눈 앞과 빔 프로젝터 앞에 시트지와 셀로판지를 번갈아 놓으며 그림자를 만들어 본 뒤 투명한 셀로판지를 빛 앞에 댔을 때 빨간색 그림자가 생김을 발견했다.

- 인지〉과학〉물리과학: 빛이 통과하는 소재와 통과하지 못하는 소재를 구별한다.
- 인지〉학습성향〉호기심: 색이 있는 그림자를 만드는 다양한 방법에 호기심을 갖는다.

탐구 결과의 활용

# 04 그림자를 이용해 극놀이하며 동화 만들기

△ 바닷속에서 잠수함이 떠다니는 놀이

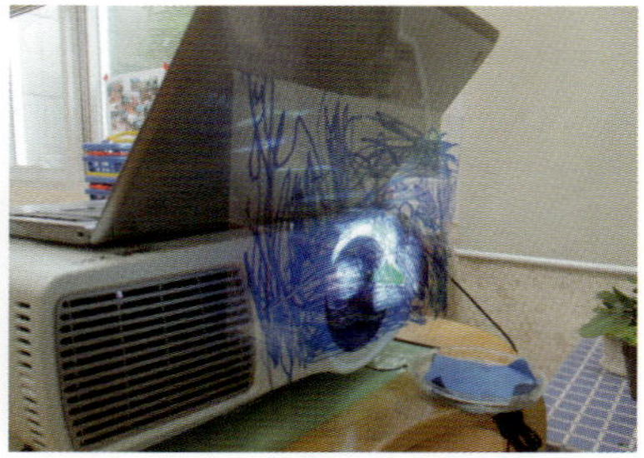

△ 파란 빛을 만들어 바다 상황을 설정함

유아는 자신들이 만든 레고 구성물과 그림을 이용해 이야기를 만들어내기 시작했다.

유아는 그림자 동화를 들은 뒤 자신들만의 이야기를 꾸며보고 싶어 했다. 유아는 색이 있는 그림자를 만들기 위해선 투명한 재질의 셀로판지, 코팅지, OHP 필름을 이용해야 함을 이해하고 그 위에 이야기에 등장시키고 싶은 그림을 그렸다. 교사가 들려준 그림자 동화 자료에 자신이 그린 그림을 추가하여 이야기를 꾸미거나 직접 그린 그림만으로 이야기를 구성하기 시작했다.

교사는 유아가 함께 이야기를 만드는 경험을 할 수 있도록 '마술연필' 동화를 들려주고 유아와 등장시키고 싶은 것에 대해 이야기를 나누었다. 각자 그린 그림을 동화에 등장시키면서 이야기를 지었다.

유아가 정해진 내용 없이 자신의 그림을 모두 유리 위에 올리고 말하고 싶은 대사를 이야기하여 동화 전개에 어려움이 있었다. 교사는 유아와 함께 그림의 등장 순서를 정한 뒤 대사에 따라 이야기를 전개할 수 있도록 지도했다.

- 인지〉학습성향〉주의집중: 동화의 내용을 기억하여 유아 스스로 동화 내용을 구성한다.
- 예술〉예술활동에서 창의성: 자신이 그린 그림을 사용해 새로운 이야기를 만든다.
- 언어〉듣기 · 말하기〉사회적 의사소통: 말하는 순서를 지키며 자신의 생각을 이야기한다.

탐구 결과의 활용

# 04 그림자를 이용해 만든 동화

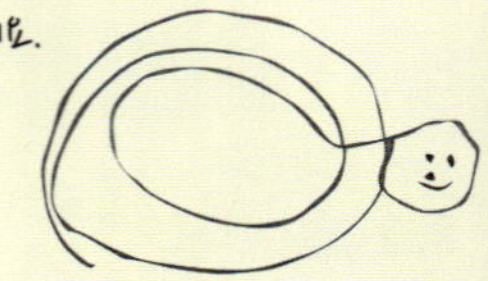

여우가 엄마를 찾으러 산꼭대기에 올라가고 있었어요. 그때 흙 속에서 무언가 보였어요.
달팽이는 여우를 보고 다시 흙 속으로 쏙 숨었어요. "부끄러워!"
여우는 "괜찮아, 나와봐."라고 이야기했어요.
달팽이는 흙 속에서 고개를 빼꼼 내밀며 "배고파!"라고 말했어요.
그러면서 여우를 먹으려고 흙 속에서 쑤욱 나왔어요.
여우를 잡아먹는 달팽이였어요! 여우는 달팽이를 피해 도망쳤어요.

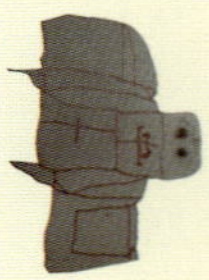

여우가 다시 산꼭대기로 가고 있는데 로봇이 나타났어요. 로봇은 말이 없었어요. 지나가버렸어요.

여우는 또 산꼭대기로 올라가다가 거북을 만났어요.
거북은 "안녕, 너는 누구니?"라고 여우에게 물었어요. 여우는 조금 부끄러워서 산꼭대기 밑으로 숨었어요.
거북은 "괜찮아, 나는 착한 거북이니까. 달팽이는 없어. 얼른 나와."
여우가 조금씩 조금씩 나오기 시작했어요.
거북은 "나는 지금 엄마를 찾아가는 중이야. 엄마를 잃어버렸거든."
여우는 거북도 엄마를 잃어버렸다는 말을 듣고 너무 슬퍼져서 이야기했어요.
"나도 아기였을 때 엄마를 잃어버렸는데 산꼭대기에 가도 숲에 가도 집에 가도 복도에 가도 엘리베이터 앞에 가도 엄마가 없어."

이걸 어쩌죠? 모두 엄마를 잃어버렸어요. 잃어버린 엄마아빠는 어디에 있을까요?

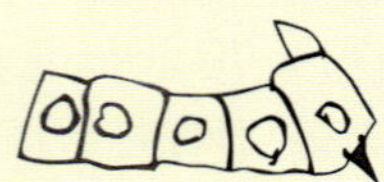

그때, 거북과 여우가 엄마를 잃어버렸다는 이야기를 듣고 애벌레가 나타났어요.
애벌레는 "나는 산꼭대기를 넘어 집으로 가고 있던 중이었어. 너희들의 이야기가 너무 슬퍼서 내가 좀 도와주고 싶어. 내 눈엔 레이저가 있어. 우리 같이 엄마아빠를 찾으러 갈래?"라고 물었어요.
거북과 여우는 고개를 끄덕이며 말했어요. "그래, 좋아! 엄마아빠를 찾으러 가자."
애벌레는 레이저로 엄마아빠를 찾기 시작했어요.

애벌레는 "엄마아빠는 지금 하늘나라에 계셔. 엄마아빠를 찾으러 가자."
애벌레, 여우, 거북은 비행기를 타고 하늘나라로 갔어요.
여우와 거북은 하늘나라에서 엄마아빠를 찾았어요.
그리고 엄마아빠를 찾아준 애벌레에게 인사했어요. "고마워, 애벌레야!"

탐구 결과의 활용

# 04 공유 공간 꾸미기

유아는 자신들이 지은 동화를 즐겁게 감상한 뒤 동화를 다른 연구원 사람들에게 들려주고 싶다고 하였다.

교사는 유아에게 어디에 동화를 놓아야 그림자가 잘 생기는지 생각해보도록 질문하였다. 유아는 기계를 사용했던 장소의 특성을 기억하여 어두운 곳이어야 한다는 것을 깨달았고 이 점에 유의하여 연구원 내 공간을 둘러보았다. 유아는 낮에도 어둡고 모든 연구원 사람들이 볼 수 있는 별관도서관 앞 데크에 동화를 놓자고 하였다.

교사가 동화의 등장인물 그림, 대본과 함께 놓을 것들을 묻자 그림자를 관찰하면서 보았던 물건들과 다른 유아가 이야기를 꾸밀 수 있는 재료들을 놓자고 이야기했다. 교사는 구체적으로 어떤 물건을 놓을지 정하기 위해 그림자를 관찰할 때 보았던 물건들을 제시하였다. 유아는 다양한 그림자를 만들 수 있는 조건을 알아보기 위해 관찰했던 물건들(투명한 물건과 불투명한 물건, 놓인 위치에 따라 그림자가 달라지는 모양의 물건: 컵, 모든 방향에서 그림자가 같은 물건: 공)을 골랐다.

교사는 공유 공간에 놓인 동화와 물건들을 보면서 어울리는 이름을 지어보자고 제안했다. 유아는 빛이 나는 놀이터를 보고 '반짝이 불빛 놀이터'라는 이름을 지었다.

- 인지〉학습성향〉계획-실행-점검 능력: 그림자가 잘 보이는 공간의 특성을 이해하고 적합한 공간을 선정한다.
- 인지〉학습성향〉주도성: 반짝이 불빛 놀이터에 필요한 것들을 계획하고 직접 구성한다.

탐구 결과의 활용

## 04 반짝이 불빛 놀이터에서 놀이하기

"새들이 새집에 있어."
"이건 비야. 얼른 다 집으로 들어가."

"원숭이가 졸려."
"풀로 덮어줘."

**여**러 연령의 유아가 반짝이 불빛 놀이터에서 보고 싶은 그림자 동화나 관찰해보고 싶은 물건이 있으면 교사에게 이야기하여 자료를 추가하였다. 유아는 제시된 자료와 직접 그린 그림을 이용해 동화를 듣거나 이야기를 만들어서 놀이에 활용했다.

**교**사는 유아가 이야기를 활발히 만들 수 있도록 풀(숲), 해초(바다) 등 이야기의 배경이 될 수 있는 그림들을 추가적으로 제시하였다.

- 예술〉예술활동에서 창의성: 제시된 자료나 자신이 그린 그림을 사용해 새로운 이야기를 만든다.
- 인지〉학습성향〉주도성: 반짝이 불빛 놀이터에 필요한 것들을 추가하고 놀이에 활용한다.

# 공이 지나는 길

만 2세

| | | |
|---|---|---|
| ▍관심의 시작 | 휴지심에 공 넣기 | |
| ▍탐구 | 아크릴 파이프 탐색하기 | 놀이 방법 알아보기 |
| ▍탐구의 확장 | 직선형 길 만들고 공굴리기<br>연결구 사용하여 길 만들기 | 기울기가 있는 직선형 길 만들고 공굴리기<br>형님이 만든 길 살펴보고 놀아보기 |
| ▍탐구 결과의 활용 | 우리가 만든 길에서 놀이하기 | |

관심의 시작

# 01 휴지심에 공 넣기

"와, 빨강색이다!"

"여기 뭐가 있지?"

**만** 2세 영아가 휴지심에 물감 작업한 것을 활용하여 유희실 및 교실에 '휴지심' 길을 만들었다. 교사는 그 안에 넣어 볼 수 있는 다양한 물건(예 작은 공, 자동차, 모형 등)을 준비해 주었다. 영아는 휴지심 안에 넣은 공이 다시 나오는 것에 흥미를 보였고, 직접 휴지심 안을 들여다보기도 하였다.

**물**감을 뿌린 휴지심 뒷면에 자석을 붙여 벽면에 게시하였다. 원하는 위치에 휴지심을 붙인 영아는 그 안에 다양한 물건 넣기를 시도했다. 휴지심 안에 사물이 지나는 것에 대한 영아의 흥미가 높다는 것을 발견한 교사는 보다 넓은 공간에 길을 만들고 넣은 물건의 움직임을 관찰할 수 있도록 지원할 필요를 느꼈다.

- 인지〉학습성향〉주도성: 주변 사물에 관심을 갖는다.
- 인지〉과학〉물리과학: 기울어진 휴지심에 공을 넣으면 반대편으로 굴러 나온다는 것을 이해한다.

## 탐구 02 아크릴 파이프 탐색하기

처음에는 영아가 통 안에 다양한 사물을 넣고 나오는 모습을 관찰하는 것에 관심을 보였으나 통과하는 길이가 짧아 곧 흥미가 감소했다.

교사는 영아가 다양한 모양의 통로를 만들 수 있는 방법을 모색했다. 그 결과, 아크릴 통에 자석을 붙이고 자석판을 제공하면 영아가 쉽게 통로를 구성할 수 있을 것으로 판단하여 대형 자석판이 있는 연구원 지하 1층 공간을 활용하기로 결정했다. 복도의 자석판은 언제든 사용가능한 곳으로 자연스럽게 다른 연령의 영유아가 함께 놀이할 수 있는 장점이 있다.

영아가 사물이 지나가는 모습을 직접 관찰할 수 있도록 다양한 형태와 길이의 투명한 아크릴 파이프를 제공하였다. 파이프를 살펴본 영아는 속이 뚫려 있음을 발견하고 그 안에 자동차, 공, 블록 등을 넣어보고 다시 통 밖으로 나오는 모습을 관찰하였다.

- 인지〉학습성향〉호기심: 주변 환경에 관심을 갖고 변화를 인식한다.
- 인지〉학습성향〉관찰력: 투명한 아크릴 파이프의 특성을 오감으로 탐색한다.

탐구

# 02 놀이 방법 알아보기

**대**형 자석판 앞에서도 영아는 학급에서 했던 것처럼 여러 형태의 투명 아크릴 파이프에 흥미를 보이며 손으로 잡고 두드리기도 했으며 얼굴에 대고 소리를 내기도 하였다.

**지**속된 탐색 과정에서 파이프가 서로 연결될 수 있으며, 벽에 붙였다 뗄 수 있음을 알게 된 영아는 벽면에 자유롭게 파이프를 붙여보고 파이프끼리의 연결을 시도하였다.

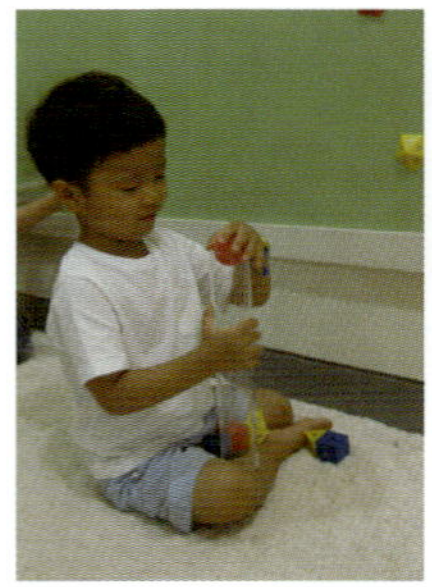

“이건 뭐지
“길어졌네. 나 좀 봐봐.”

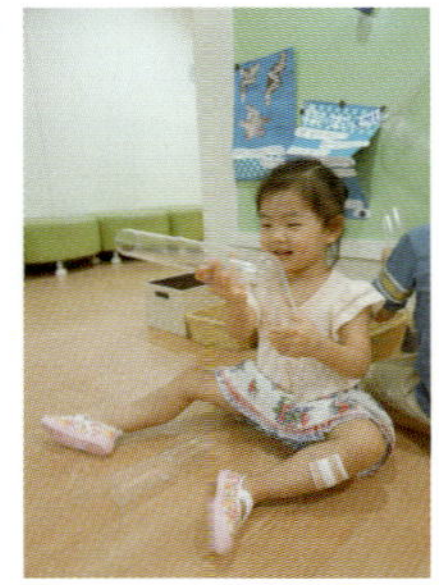

**휴**지심을 사용했던 경험의 영향인지 영아는 직선형 형태의 아크릴 파이프에 대한 선호도가 높았으나 점차 연결구 파이프에 대한 관심도 높아졌다. 교사는 다양한 형태(직선형, ‘ㄱ’자형, ‘T’자형)의 연결구 파이프를 영아가 탐색할 때 어떻게 놓으면 물건이 지나가는 길이 되는지 생각해 보도록 격려하였다.

- 인지〉과학〉과학적 기술: 아크릴 파이프를 원하는 위치에 붙일 수 있다.
  연결구를 활용하여 아크릴 파이프를 길게 연결하면 물건을 오랫동안 굴릴 수 있음을 이해한다.

탐구의 확장

# 03 직선형 길 만들고 공굴리기

"어? 공이 안 내려가요."
"공이 여기 서 있네.
구멍이 이쪽에 입을 벌리고
있어야 할 것 같아."
"(파이프를 움직이며)
간다 간다!"

**교**사는 영아가 파이프를 잘 연결했을 때 나타나는 현상(즉, 공이 통과함)과 그렇지 않았을 때 나타나는 현상(즉, 공이 굴러가지 않거나 가다가 멈춤)이 나타날 때 그 이유를 찾도록 지원하였다("공이 가다 섰네? 왜 그런지 보자.", "저 공은 끝까지 굴러가서 떨어졌네! 통이 어떻게 이어져서 그렇게 되었을까?").

**영**아는 벽면에 파이프를 이어 붙여 직선 길을 만들기 시작했다. 처음에는 수직 형태의 길을 만들어 위에서 공을 넣으면 아래로 떨어지는 시도가 주로 나타났고 점차 수평 형태의 길도 만들었다. 연결하는 파이프 수가 증가하면서 전체적으로 길이가 길어졌는데 틈이 없이 파이프가 연결되었을 때 공이 길을 따라 움직이고, 잘못 연결되면 파이프 사이에 공이 걸릴 수 있음도 경험하였다.

"(한 개의 파이프 안에서 공
이 빠르게 지나가는 것을 보고)
어? 공 어디 갔지?"
"(자신의 파이프를 친구의 파이프
와 연결하며) 길어졌어."

- 신체〉운동기능〉대 · 소근육 통제와 협응: 아크릴 파이프의 입구를 맞춰서 연결한다.
- 인지〉과학〉물리과학: 공이 굴러가는 길을 만들기 위해서는 파이프의 입구를 맞추어 연결해야 함을 이해한다.
- 인지〉학습성향〉주도성: 구성하고 싶은 길을 만드는 방법을 스스로 찾는다.
- 인지〉수학〉측정: 연결하는 파이프의 개수에 따라 길의 길이가 변화함을 이해한다.

탐구의 확장

# 03 기울기가 있는 직선형 길 만들고 공굴리기

"올라갔다 내려갔다."

"더 길어졌어!
공이 아래로, 아래로!"

**처**음에는 공을 통과하게 하는 것만 관심을 갖던 영아가 점차 경사가 많이 있거나 길이가 긴 경사로를 만드는 데 관심을 보이기 시작했다.

**교**사는 경사가 높은 쪽에 공을 넣어 파이프를 따라 공이 내려갈 때, 낮은 쪽에 공을 넣어 바로 파이프 밖으로 떨어질 때, 그리고 경사에 따라 내려가는 속도가 달라질 때 영아에게 그 이유에 대해 질문하거나 더 빨리 또는 더 길게 내려가게 만들어 보도록 권유하였다.

- 인지〉학습성향〉주도성: 구성하고 싶은 길을 만드는 방법을 스스로 찾는다.
- 인지〉과학〉과학적 기술: 파이프를 연결하여 기울기를 만들 수 있다.
- 신체〉운동기능〉대 · 소근육 통제와 협응: 파이프를 움직여 원하는 기울기를 만든다.

탐구의 확장

# 03 연결구 사용하여 길 만들기

**영**아들은 더 복잡한 길을 만들고 싶어 했지만 소근육 협응력이 부족해서 연결구 사용에 어려움을 보였다. 개별 영아의 흥미와 발달 수준에 따라 연결구 사용 여부, 사용 빈도, 사용 방법 측면의 개인차가 컸다.

"공이 어디 갔지?"

"내가 붙일게."

"(연결구를 들고) 어떡하지?"
"여기에 이렇게 끼울 수 있어. 선생님이랑 한 번 해볼까?"

**교**사는 도움이 필요한 영아에게는 연결구를 파이프에 정확히 연결할 수 있도록 파이프를 잡아 주거나 방향을 틀어보도록 제안하였다. 연결구를 사용한 후 'ㄱ'자 형의 길이 나타났고 점차 크고 복잡한 형태의 길이 생겨났다.

**흥**미가 많고 발달이 빠른 영아는 또래가 구성한 길에 파이프를 덧붙이기도 했으며 동시에 다른 입구에 공을 넣어 다양한 공의 움직임을 살펴보기도 했다. 이런 영아를 위해 형님반이 만든 길에서 놀아볼 기회를 제공하기로 하였다.

- 신체〉운동기능〉대 · 소근육 통제와 협응: 연결구에 아크릴 파이프를 연결하며 눈과 손의 협응력을 기른다.
- 인지〉학습성향〉문제해결에 필요한 창의력: 원하는 형태로 길을 만들기 위해 연결구를 사용할 줄 안다.
- 인지〉수학〉측정: 길의 모양 및 크기의 변화를 인식한다.
- 사회〉자아 인식 및 존중: 자신만의 길을 완성하며 성취감과 유능감을 느낀다.
- 사회〉사회적 관계: 문제해결 과정에서 또래와 협력한다.

탐구의 확장

# 03 형님이 만든 길 살펴보고 놀아보기

"길이 또 있어."
"(길을 가리키며)
하나, 둘, 셋! 세 개야!"

대형 자석판이 복도에 있었기 때문에 누구나 놀이할 수 있었으며 형님이 만들어 놓은 길은 영아에게 좋은 자극이 되었다. 영아는 형님이 만들어 놓은 길에 공을 넣어보고 움직임도 관찰하였다.

넓고, 구불거리고, 높은 길은 영아가 새로운 시도(예 새로운 길 만지기, 팔을 뻗어 공 넣기 등)를 하도록 동기를 유발했다. 파이프를 살짝 움직여 자신이 원하는 형태로 길을 변형시키는 시도도 나타났다.

"(팔을 뻗으며)
난 여기에 넣어야지!"

교사는 영아가 계속해서 새롭고 발전된 시도를 할 수 있도록 형님반이 만든 것을 사진으로 찍어 제공하거나 언어로 표현하며 격려했다.

"(파이프를 움직이는 친구를 바라 보다 새 파이프를 가져
오면서) 어디에 붙일까?"

- 인지〉수학〉공간관계: 길의 규모 및 형태가 다양할 수 있음을 이해한다.
- 인지〉수학〉자료분석: 또래와 형님이 만든 길을 바꾸어 보고 그 차이점을 이해한다.
- 사회〉사회적 관계: 놀이를 공유하며 또래, 형님과의 유대감을 기른다.

탐구 결과의 활용

# 04 우리가 만든 길에서 놀이하기

자석 벽면은 모든 연령의 영유아가 놀이하는 공동의 놀이터가 되었다.

발달 수준에 따라 놀이 방법을 이해하고 길을 구성하는 방식이 다양했다. 영아반은 문제 상황(예 공이 파이프에 걸린 경우)에서 교사의 도움이 필요한 반면 유아반은 교사의 도움 없이도 서로 간의 논의를 통해 충분히 문제를 해결했다. 처음에는 만 2세 영아를 위한 활동이었으나 시간이 지날수록 모든 연령이 함께 놀이에 참여하고 서로의 생각을 공유할 수 있는 의미 있는 시간이 되었다.

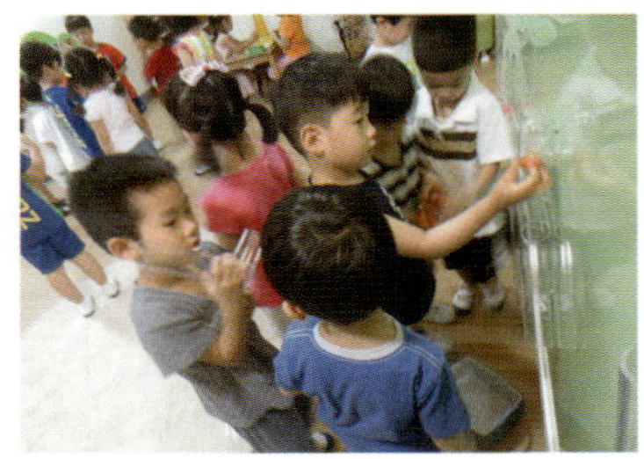

- 인지〉수학〉공간관계: 길의 규모 및 형태가 다양할 수 있음을 이해한다.
- 사회〉사회적 관계: 놀잇감을 공유하며 또래, 형님과의 유대감을 기른다.

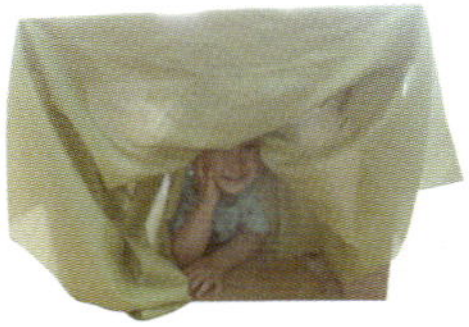

# 누구나 숨을 수 있고
# 언제나 만들 수 있는 숨바꼭질 놀이터

만 2세

| | |
|---|---|
| **관심의 시작** | 숨바꼭질 시도하기 |
| **탐구** | 교사의 도움을 받아 도구를 사용해 숨바꼭질하기<br>교사 및 또래를 모방하여 숨바꼭질하기 |
| **탐구의 확장** | 또래와 같은 공간에 숨기<br>사물의 특성을 고려하여 숨바꼭질하기 |
| **탐구의 적용** | 형님과 함께 숨바꼭질하기 |
| **탐구 결과의 활용** | 숨바꼭질 놀이터 숨바꼭질 놀이터에서 놀이하기<br>형님/ 동생과 함께 숨바꼭질 놀이터에서 놀이하기 |

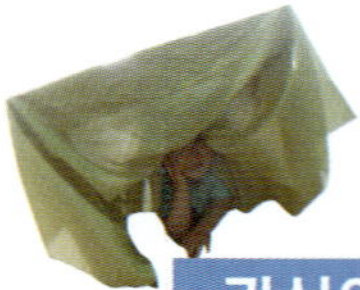

관심의 시작

# 01 숨바꼭질 시도하기

"꼭꼭 숨어라!
머리카락 보인다!"

"이상하네.
선생님한테는
사자가 안 보이는데?"

"어흥!
난 무서운 사자야!"

**만** 2세 학기 초에 교사가 숨바꼭질을 제안했다. 영아는 눈만 가리거나 엎드리는 등 신체의 대부분이 잘 보이게 숨었다. 숨바꼭질을 여러 번 해도 영아는 자신의 시야에 술래가 안 보이면 술래도 자신을 못 본다고 생각했다. 교사는 만 2세 인지발달을 고려하여 현재 영아의 자아중심적 사고를 파악하기 위해 구멍이 뚫린 가면 책을 제시했다. 대부분의 영아는 본인이 보고 있는 쪽에 있는 동물 얼굴을 보고 동물을 흉내 냈고 교사는 계속 책의 표지만 보게 되었다.

**교**사는 영아 행동을 모방하여 영아에게 책의 표지만 보여주었다. 또한 영아가 교사의 시야를 생각할 수 있도록 교사 쪽으로 책 펼치기를 제안했다. 몇 명의 영아는 교사의 말을 이해했으나 대부분은 자신의 시야만 고려하여 교사가 계속 책의 표지만 보고 있는 상황을 이해하지 못했다. 교사는 만 2세 인지발달상 자아중심적 사고로 인해 아직 대부분의 영아가 자신과 타인의 시야를 구분하기 어려워 한다고 했다. 교사는 놀이를 통해 영아가 자아중심적 사고에서 벗어나도록 지도하고 싶었다. 그래서 술래의 시야를 고려할 수 있도록 숨바꼭질을 확장하기로 계획하였다.

- 사회〉사회적 관계: 교사의 놀이 제안을 이해하고 놀이 참여를 시도한다.
  타인의 입장에서 자신의 위치 인식하기를 시도한다.
- 언어〉듣기 · 말하기〉표현적 언어: 숨바꼭질 놀이에 관한 어휘를 익힌다(숨다, 찾다, 보인다, 가린다, 술래 등).

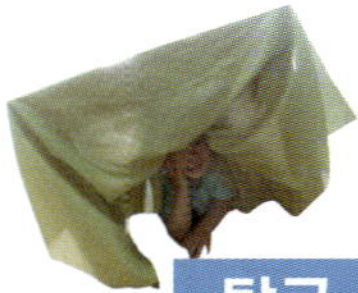

## 탐구 02 교사의 도움을 받아 도구를 사용해 숨바꼭질하기

**교**사는 교실과 유희실 등 다양한 공간에서 숨바꼭질을 제안했다. 아직 영아는 눈만 가리는 등 여전히 자신의 시야만 고려하여 숨는 반응을 보였다.

**교**사는 영아에게 잘 숨을 수 있는 다양한 전략을 지속적으로 알려주었다. 첫째로 바구니와 천 등 영아가 쉽게 숨을 수 있는 큰 물건을 제시했다. 둘째로 술래인 교사가 영아를 찾을 때마다 영아를 어떻게 찾았는지 설명해 주었다. 셋째로 교사가 도구를 사용하여 숨는 모습을 보여주었다. 넷째로 영아가 도구를 사용하여 숨는 방법을 다른 영아에게 소개해 주었다. 점차 영아는 신체의 일부를 가리기 위해 주변 사물 1~2개를 사용하기 시작했다. 교사는 적극적으로 영아의 시도를 격려했다.

- 사회〉사회적 관계: 교사의 도움을 받아 도구를 사용하여 문제 상황을 해결하려는 시도를 한다.
- 인지〉학습성향〉문제해결에 필요한 창의력: 신체의 일부를 가리기 위해 주변의 사물을 간단하게 활용한다.

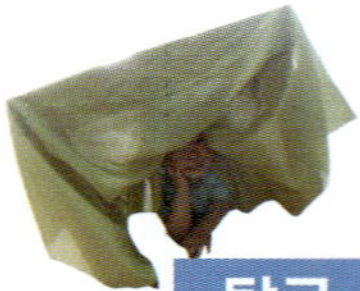

## 탐구 02 교사 및 또래를 모방하여 숨바꼭질하기

**교**사의 다양한 전략을 통해 영아는 점차 술래의 시야를 고려하기 시작했다. 또래의 행동을 모방하면서 한 장소에 여럿이 같이 숨는 모습도 나타났다. 하지만 여러 영아가 좁은 공간에 함께 숨을 때 여전히 자기중심적인 반응이 나타났다. 술래를 의식하지 않고 또래와 즐겁게 이야기를 나누거나 비좁은 공간에 여러 또래가 같이 숨으면서 갈등 상황이 생겼다.

**한**정된 교실 공간에서 비슷하게 숨으며 갈등이 생기는 영아를 위해 교사는 가구의 위치를 변경하는 도습을 보여주었다. 영아는 책상을 밀고 그 사이에 숨거나 의자의 위치를 옮기는 등 가구를 활용하여 임시적인 폐쇄 공간을 만들었다. 하지만 여전히 술래를 의식하지 않고 비좁은 공간에 여러 또래가 같이 숨으면서 갈등 상황이 생겼다. 교사는 여럿이 함께 숨을 수 있는 넉넉한 공간이 필요하다고 생각해서 교실 한가운데에 큰 커튼을 달아주었다.

- 사회〉사회적 관계: 문제 상황을 해결하기 위해 타인 행동을 관찰하여 모방하기를 시도한다.
- 인지〉학습성향〉주도성: 신체의 대부분을 가리기 위해 사물의 위치를 변경한다.

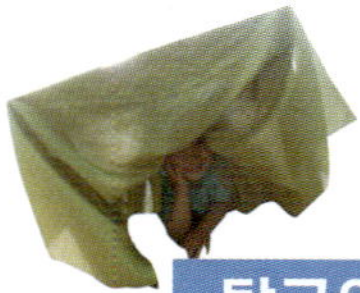

탐구의 확장

# 03 또래와 같은 공간에 숨기

**교**실을 가로 지르는 큰 커튼을 달아주자 영아는 커튼 뒤에 또래랑 같이 숨으며 매우 즐거워했다. 또래와 함께 숨는 즐거움과 방법을 알게 된 영아는 술래를 의식하여 작은 목소리로 또래를 부른 뒤 술래가 찾아낼 때까지 또래와 함께 조용히 숨어 있었다. 하지만 구체적인 반응이 달랐는데 단순히 또래를 따라가서 숨는 영아도 있었고 어떤 영아는 커튼 뒤에 숨을 때 바구니를 가져와서 바구니에 들어가는 등 이중으로 숨기도 했다.

**교**사는 원활한 일과 진행을 위해 점심 먹기, 낮잠 자기 등 대부분의 일과 상황에서는 커튼을 걷어 올렸고 숨바꼭질을 할 때는 커튼을 내려주었다. 그런데 점차 숨바꼭질을 할 때마다 영아가 습관처럼 커튼 뒤로 가는 모습을 보면서 교사는 영아가 단순하게 또래를 모방하는 것인지, 술래의 시선을 고려하여 불투명한 커튼 뒤에 숨는 것인지, 커튼 아래로 보이는 자신의 다리를 가려야 한다는 사실을 인식하고 있는 것인지 궁금해졌다. 그래서 불투명한 커튼 대신 그 자리에 비닐을 걸기로 했다.

- 사회〉사회적 관계: 또래와 함께 숨으며 즐거움을 느낀다.
  놀이 과정에서 스스로 또래와 협력하는 시도를 한다.

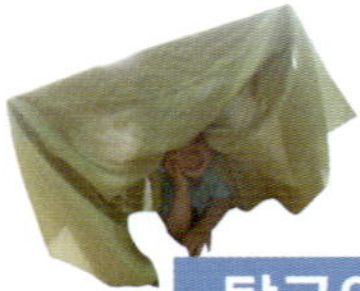

탐구의 확장

# 03 사물의 특성을 고려하여 숨바꼭질하기

교사가 불투명한 커튼을 빼고 교실을 가로 지르는 투명한 비닐을 걸어주자 영아는 커튼 뒤에 숨듯이 습관적으로 비닐 뒤에 숨었다. 영아는 자신이 숨었는데도 술래인 교사의 모습이 잘 보이자 무척 신기해 했다. 본인에게 교사가 보이는 것처럼 술래인 교사 시야에도 자신이 보일 수 있다는 사실에 관심을 보였다.

교사는 영아에게 비닐 뒤에 가만히 숨어 있어도 모습이 잘 보인다고 알려주었다. 교사는 천과 비닐을 나란히 걸어주면서 사물의 투명도에 따라 술래에게 영아의 모습이 보일 수도 있고 안 보일 수도 있다는 사실을 알려주었다. 교사가 매직을 제시해주자 영아는 비닐에 매직으로 자유롭게 긁적이기를 했다. 교사는 영아가 마주 보고 서도록 하여 매직으로 그린 부분 때문에 마주 선 또래에게 영아의 얼굴이 보일 수도 있고 안 보일 수도 있다는 사실을 인식하도록 했다.

- 인지〉과학〉물리과학: 비닐과 천의 투명성을 비교한다.
- 언어〉듣기 · 말하기〉표현적 언어: 사물의 투명성에 관한 어휘를 익힌다(투명하다, 보인다, 흐릿하다 등).

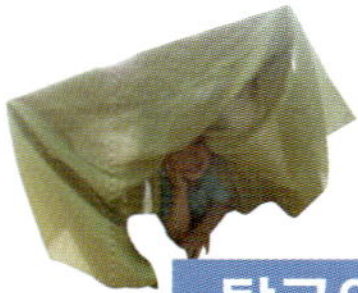

탐구의 적용

# 04 형님과 함께 숨바꼭질하기

"잠깐만! 발가락 나왔어! 블록이 부족한데…."

"오빠가 덮어줄게. 움직이면 티 나니까 가만히 있어야 해. 더 큰 천이 없나?"

이동 중 공유 공간에서 숨바꼭질을 하는 만 5세 형님의 모습을 우연히 보았다. 술래를 맡은 형님과 함께 숨어 있는 형님들을 찾아보았다. 가장자리 공간이나 블록 구성물 등에 숨어있던 형님이 나타나자 영아는 깜짝 놀라며 형님처럼 술래가 쉽게 찾지 못하게 숨바꼭질을 하고 싶어 했다.

교사는 만 5세 형님을 교실로 초대하여 현재 학급의 숨바꼭질 놀이 수준을 설명하고 적절한 도움을 요청했다. 교사는 영아가 술래의 존재를 고려하여 신체의 일부분을 가릴 수는 있으나 다각도로 술래의 시야를 고려하여 신체의 전부를 가릴 수는 없다고 알려주었다. 형님은 다양한 사물을 사용하여 영아가 숨을 수 있는 공간을 만들어주려고 했으나 놀잇감 수가 부족했고 공간이 한정적이었다. 숨바꼭질 놀이를 지속하고 싶었지만 점심 준비 등 하루일과를 위해 교실을 정리해야 했다. 교사는 여럿이 함께 숨을 수 있는 넓은 공간, 숨바꼭질용 놀잇감이 많은 공간, 일과 흐름에 상관없이 오래 놀이할 수 있는 공간이 필요하다고 판단했다.

- 인지〉과학〉과학적 기술: 알아보고 싶은 것을 자세히 관찰하고 탐색한다.
- 인지〉수학〉공간관계, 도형: 놀이를 하면서 사물을 다양한 위치에 놓거나 자신이 다양한 위치에 위치한다.
- 사회〉사회적 관계: 타인과 공간을 공유하여 놀이를 한다.
- 인지〉수학〉측정: 물체의 무게에 대한 측정과 관련된 행동을 한다.

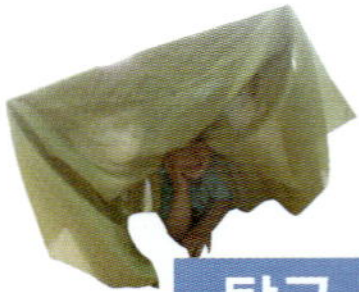

탐구 결과의 활용

# 05 숨바꼭질 놀이터

가정에서 사용하지 않아 학급에 기증한 천, 스카프

단단하지만 표면이 낡아서 교실에 제시하기 어려운 블록

**교**사는 평소 이동 때만 사용했던 교실 앞 복도를 숨바꼭질 놀이터로 활용해 보기로 했다. 교실과 가깝고 영아에게 친숙한 공간이라서 영아가 낯설어하지 않고 놀이에 참여하리라 기대했다. 원래 복도에 있던 의자, 옷걸이, 화분 등을 활용하기로 하고 여기에 천과 상자 등을 추가적으로 제시했다. 놀잇감 자리를 고정하지 않고 바구니에 놀잇감을 넣어 복도 곳곳에 자유롭게 배치했다. 연령에 상관없이 숨바꼭질을 원하는 반은 누구나 사용할 수 있도록 공유 공간을 활용하여 숨바꼭질 놀이터를 만들었다.

영아가 매직으로 긁적이기를 한 다양한 상자

영아가 매직으로 긁적이기를 한 비닐을 덮은 상자 책상

얼굴 구멍에 얼굴을 내미는 동물 가면 천

지붕, 창문, 문에 구멍이 뚫린 큰 상자 집

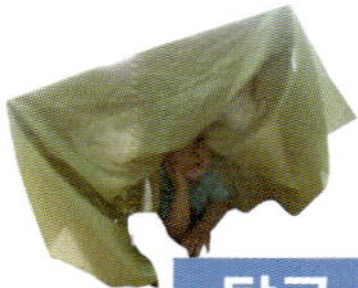

탐구 결과의 활용

# 05 숨바꼭질 놀이터에서 놀이하기

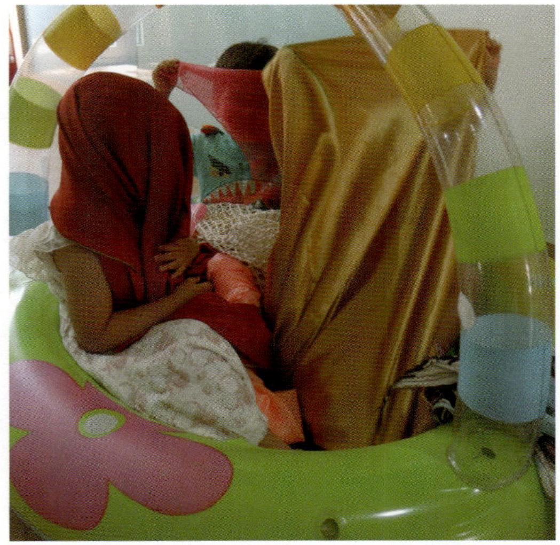

**영**아는 새로운 놀이터에 큰 관심을 보였다. 형님처럼 블록으로 숨을 수 있는 구성물을 만드는 등 놀잇감을 다양하게 활용하는 시도도 나타났다. 하지만 숨기만 하고 술래를 하는 영아가 없어 놀이를 지속하기가 어려웠다.

**교**사는 영아가 숨는 상황, 술래가 찾으면 놀라는 상황에만 관심이 있음을 파악하고 놀이를 진행하려면 각자 역할을 맡아야 놀이가 진행된다는 사실을 지속적으로 알려주었다. 또한 교사는 다시 한 번 형님을 초대해 각자가 맡은 역할에 따라 숨거나 찾는 모습을 영아에게 모델로 보여줄 필요가 있다고 판단했다.

- 인지〉학습성향〉호기심: 새로운 공간의 특성에 관심을 보이며 주변 환경을 탐색한다.
- 인지〉학습성향〉문제해결에 필요한 창의력: 신체를 가리기 위해 도구를 창의적으로 활용한다.

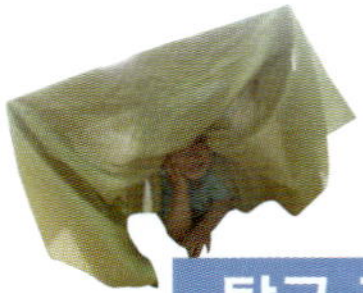

## 탐구 결과의 활용

# 05 형님과 함께 숨바꼭질 놀이터에서 놀이하기

**형**님은 각자 맡은 역할에 적극적으로 참여했다. 술래 형님이 눈을 감은 한정된 짧은 시간 동안 다른 형님들은 협력하여 여러 가지 놀잇감으로 동생이 잘 숨을 수 있도록 도와주었다. 영아 역시 그동안의 놀이를 바탕으로 술래 형님이 있는 쪽을 계속 바라보며 자신의 신체 대부분 가리기를 시도했다. 술래 형님은 동생을 찾을 때마다 어디를 보고 찾았는지 알려주었다.

**교**사는 직접 참여하는 대신 형님과 영아의 상호작용을 따뜻한 시선으로 바라보면서 정서적인 지지를 계속 해주었다. 교사는 영아가 형님을 따라 숨거나 찾는 역할에 적극적으로 참여하는 모습을 관찰했다. 만 1세 동생을 초대하여 함께 놀이하면서 놀이에 필요한 역할을 얼마나 이해하고 참여하는지 관찰해 보기로 하였다.

- 사회〉사회적 관계: 형님과 함께 놀이하며 친밀한 관계를 형성한다.
  공동목표를 인식하고 형님의 도움을 받아 놀이에 참여한다.

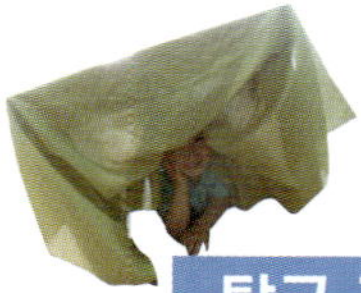

탐구 결과의 활용

# 05 동생과 함께 숨바꼭질 놀이터에서 놀이하기

**만** 1세 동생과 함께 숨바꼭질을 할 때 영아는 동생 뒷모습을 가려주는 등 술래의 시야를 고려하여 동생 신체 대부분을 가려주었다.

**영**아가 도구를 사용하여 동생을 가려주거나 가구 위치를 옮기는 등 형님 행동을 일부분 모방하는 모습을 보고 교사는 영아가 술래의 관점을 어느 정도 이해했다고 판단했다. 영아가 자아중심적 사고에서 탈피하는 과정에 있으므로 교사는 앞으로 다양한 놀잇감을 추가적으로 제시하여 숨바꼭질 놀이터에서 보다 더 정교하게 숨을 수 있는 기회를 주어야겠다고 생각했다.

- 사회〉사회적 관계: 동생과 함께 놀이하며 친밀한 관계를 형성한다.
  동생의 발달 정도를 고려하여 적절한 도움 주기를 시도한다.

# 참고문헌

김희진(2014). **유아교육기관에서의 영유아 평가: 발달과 교육적 지원을 위한 첫 걸음**. 서울: 파란마음.

김희진 · 김언아 · 홍희란(2004). **영아를 위한 프로그램의 이론과 실제**. 서울: 창지사.

이정환 · 김희진(2013). **개정 영유아교육의 교수학습방법**. 서울: 파란마음.

Curtis, C., Brown, K., Baird, L., & Coughlin, A. (2015). Lively minds at play: Planning environments and materials that support the way young children learn. In H. Bohart, K. Charner, & D. Loralek (Eds.), *Spotlight on young children: Exploring play*. Washington, DC: NAEYC.

Epstein, A. (2014). *The intentional teacher* (Rev. ed.). Ypsilanti, MI: High/Scope Press.

Schwartz, L., & Copeland, M. (2013). **발현적 유아교육과정과 표준의 연계**. (박은혜 · 신은수 · 김희진 · 이지현 역). 서울: 학지사.

Stacey, S. (2011). *The unscripted classroom: Emergent curriculum in action*. St. Paul, MN: Readleaf Press.

## 저자소개

**김희진**
이화어린이연구원 원장, 이화여자대학교 유아교육과 교수

**박은혜**
전 이화어린이연구원 원장, 이화여자대학교 유아교육과 교수

**김현주**
이화어린이연구원 원감

**김언경**
이화어린이연구원 수석교사

**원고를 쓴 이화어린이연구원 교사**
권수경 · 김미선 · 김소리 · 김은지 · 라지영 · 박혜림 · 배주형 · 성민주
손지현 · 이가원 · 이세영 · 이주은 · 이초원 · 임서연 · 한산섬 · 허지영

이화여자대학교 이화어린이연구원 총서 2
함께 만들어가는 놀이터 **놀이를 통한 학습**

**초판 1쇄 인쇄** 2016년 4월 22일
**초판 4쇄 발행** 2021년 2월 26일

지은이_ 김희진 외 19인
펴낸이_ 황호철
펴낸곳_ 도서출판 파란마음
주소_ 04315 서울시 용산구 백범로90라길 47 | 전화_ (02) 3275-2110~1 | 팩스_ (02) 3275-2199
홈페이지_ http://paranmaum.co.kr/
등 록_ 2006년 4월 24일 · 제302-2006-00024호



ISBN 978-89-97982-39-4 93370
값 15,000원